Bjørn-Holger Lay | Elke Hornoff

Bauzeichnen im GaLaBau

Dieses Buch ist Bestandteil der Reihe **„Fachbibliothek grün“**, die von **Prof. Dipl.-Ing. Alfred Niesel** begründet wurde. In dieser Reihe erscheinen Fach- und Lehrbücher für den Garten- und Landschaftsbau, für Landschaftsarchitekten sowie Garten- und Umweltämter.

Herausgeber dieser Reihe sind
Prof. Dipl.-Ing. Bjørn-Holger Lay,
Prof. Dr.-Ing. Mehdi Mahabadi,
Prof. Dipl.-Ing. (FH) Martin Thieme-Hack.

Prof. em. Dipl.-Ing. Alfred Niesel
Hochschule Osnabrück
Fakultät Agrarwissenschaften und Landschaftsarchitektur
Lehrgebiet Landschaftsbau/Baubetrieb
Hesselkamp 79
49088 Osnabrück

Prof. Dipl.-Ing. Bjørn-Holger Lay
Hochschule Osnabrück
Fakultät Agrarwissenschaften und Landschaftsarchitektur
Lehrgebiet Baukonstruktion und Bautechnik
Oldenburger Landstraße 24
49090 Osnabrück

Prof. em. Dr.-Ing. Mehdi Mahabadi
Hochschule Ostwestfalen-Lippe
Lehr- und Forschungsgebiet Technik des Garten- und Landschaftsbaus
Hellerkamp 26
42555 Velbert

Prof. Dipl.-Ing. (FH) Martin Thieme-Hack
Hochschule Osnabrück
Fakultät Agrarwissenschaften und Landschaftsarchitektur
Lehrgebiet Baubetrieb im Landschaftsbau
Oldenburger Landstraße 24
49090 Osnabrück

In der Buchreihe „Fachbibliothek grün“ sind im Verlag Eugen Ulmer folgende Titel erhältlich:

Zeichnen und Darstellen in der Freiraumplanung
Klaus-Dieter Bendfeldt, Jens Bendfeldt (3. Aufl., 2003, ISBN 978-3-8001-4544-7)

Kleines Lexikon zur Betriebswirtschaft im Landschaftsbau
Wolfgang Ziegler (1. Aufl., 2003, ISBN 978-3-8001-4540-9)

Geschichte der Gartenkunst
Günter Mader (1. Aufl., 2006, ISBN 978-3-8001-4868-4),

Treppen im Freiraum
Mehdi Mahabadi, Alexandra Meyer (1. Aufl., 2006, ISBN 978-3-8001-4876-9)

Grünflächen-Pflegemanagement
Alfred Niesel (Hrsg.) (2. Aufl., 2011, ISBN 978-3-8001-7555-0)

Der Baubetrieb
Rudolf Haderstorfer, Alfred Niesel, Martin Thieme-Hack (7. Aufl., 2011, ISBN 978-3-8001-5483-8)

Regenwasserversickerung/Regenwassernutzung
Mehdi Mahabadi (1. Aufl., 2012, ISBN 978-3-8001-7623-6)

Kalkulation im Garten- und Landschaftsbau
Wolf-Rainer Kluth (4. Aufl., 2013, ISBN 978-3-8001-7845-2)

Handbuch der Staudenverwendung
Jürgen Bouillon (Hrsg.) (1. Aufl., 2013, ISBN 978-3-8001-7777-6)

Lehr – Taschenbuch für den Garten-, Landschafts- und Sportplatzbau
Bjørn-Holger Lay, Alfred Niesel, Martin Thieme-Hack (Hrsg.) (7. Aufl., 2013, ISBN 978-3-8001-4949-0)

Betriebswirtschaft im Landschaftsbau
Heiko Meinen (1. Aufl., 2014, ISBN 978-3-8001-7888-9)

Natursteinarbeiten im Garten- und Landschaftsbau
Ingrid Schegk (1. Aufl., 2016, ISBN 978-3-8001-7990-9)

Bauen mit Grün
Bjørn-Holger Lay, Alfred Niesel, Martin Thieme-Hack (Hrsg.) (5. Aufl., 2016, ISBN 978-3-8001-8339-5)

Bjørn-Holger Lay | Elke Hornoff

Bauzeichnen im GaLaBau

167 Zeichnungen
16 Tabellen

Die Autoren des Buches

Prof. Dipl.-Ing. Bjørn-Holger Lay
Hochschule Osnabrück
Fakultät Agrarwissenschaften und Landschaftsarchitektur
Lehrgebiet Baukonstruktion und Bautechnik
Oldenburger Landstraße 24
49090 Osnabrück

Dipl.-Ing. (FH) Elke Hornoff
Hochschule Osnabrück
Fakultät Agrarwissenschaften und Landschaftsarchitektur
Lehrgebiet Konstruktiver Ingenieurbau
Oldenburger Landstraße 24
49090 Osnabrück

Inhaltsverzeichnis

Vorwort 7
Einführung 9

1 Grundregeln zum Bauzeichnen 11
1.1 Papierformate, Plan- oder Blattgrößen, Faltung 11
1.2 Maßstab (Darstellung verschiedener Maßstäbe) 13
1.3 Linienarten und Linienbreiten (nach DIN 1356-1, DIN EN ISO 128-20 und 23) 15
1.4 Planaufbau, Bemaßung, Schriftfeld, Plantext 18
1.5 Schraffuren 25
1.6 Signaturen und Symbole 30
1.7 Beispiele für Linienbreiten, Schraffuren und Symbole 35

2 Projektionsarten für Bauzeichnungen 37
2.1 Allgemeines 37
2.2 Draufsichten und Ansichten 38
2.3 Grundrisse und Horizontalschnitte 41
2.4 Schnitte und Schnittansichten 46
2.5 Räumliche Darstellungen 48
2.6 Dreidimensionales Skizzieren 48

3 Arten und Inhalte von Bauzeichnungen für die Objektplanung 49
3.1 Vorentwurfszeichnungen 50
3.2 Entwurfszeichnungen 51
3.3 Bauvorlagezeichnungen 52
3.4 Ausführungszeichnungen 53
3.5 Baubestandszeichnungen 56
3.6 Bauaufnahmezeichnungen 56
3.7 Benutzungspläne 60

4 Besondere Anforderungen und Darstellungen 61
4.1 Zeichnungen für Außenanlagen 61
4.2 Entwässerungsanlagen 63
4.3 Bepflanzungsplan 64
4.4 Absteckplan 68
4.5 Feuerwehrplan 69
4.6 Maßordnungen im Hochbau 71
4.7 Gliederung und Benennung von Layern für CAD 74
4.8 Beispiele studentischer Arbeiten im Lehrbereich „Technisches Zeichnen" 76

5 Anhang 86
5.1 Kopiervorlage „Di- bzw. isometrisches Zeichenpapier" 87
5.2 Normenüberblick „Technisches Zeichnen" 88

Service 103
Literatur- und Quellenverzeichnis 103
Bildquellen 104
Register 105

Vorwort

Das „Technische Zeichnen“ ist seit vielen Jahrzehnten durch eine Vielzahl von Regelungen geprägt, deren Anwendungen häufig nicht bekannt oder unklar sind und sich zum Teil auch widersprechen. Das liegt einerseits an nicht mehr aktuellen – aber seit Jahren bekannten – Normungen und andererseits an sich überlagernden Schnittstellen verschiedener Regelungen, die gemeinsam nicht zur Anwendung kommen sollten.

Diese Veröffentlichung ist im Rahmen eines Hochschulskriptkatalogs weiter entwickelt worden. Grundsätzlich sind Auszüge aus den wichtigsten Zeichnungsnormen mit den gewerkespezifischen Angaben für den GaLaBau enthalten.

Es ist nicht nur das Ziel, auf die zu verwendenden Regeln der Technik hinzuweisen, sondern diese auch exemplarisch zu veranschaulichen. So werden in vier Schwerpunktkapiteln die Basisbausteine für das Bauzeichnen zeichnerisch dargestellt und beschrieben:

- „Grundregeln zum Bauzeichnen“,
- „Projektionsarten für Bauzeichnungen“,
- „Arten und Inhalte von Bauzeichnungen für die Objektplanung“,
- „Besondere Anforderungen und Darstellungen“.

Kurze Informationen zu den bauzeichnerischen Darstellungen sind als Handlungsanweisung zu verstehen. Es ist als Kompendium, als schnelles Nachschlagewerk zu sehen, vertiefende Informationen sind den einschlägigen Normen für das technische Zeichnen zu entnehmen. Der auf dem neuesten Stand gehaltene Normenanhang soll als Informationsbasis dienen, in dem in Kurzform auch die Aktualität der anzuwendenden Regelung beschrieben ist.

Gewerke übergreifende Darstellungen sollen insbesondere für den Garten- und Landschaftsbau die Querbeziehungen verständlich machen. Dieses Buch soll als schnelle Übersicht für alle dienen, die mit bauzeichnerischen Fragestellungen zu tun haben, also nicht ausschließlich als Skriptvorlage für Studierende des Garten- und Landschaftsbaus, sondern ebenso für Interessierte des Bauingenieurwesens, der Landschaftsarchitektur oder der Architektur.

Wir danken allen, die uns konstruktiv unterstützt haben, insbesondere Anja Runge für die zeichnerische Bearbeitung wichtiger Planunterlagen und den Mitarbeitern des Verlages Eugen Ulmer für die umfangreiche Beratung und Begleitung zur Entstehung dieses Werkes.

Bjørn-Holger Lay und Elke Hornoff,
im Sommer 2016

Einführung

Bauzeichnen, technisches Zeichnen und weitere synonym verwendete Wortkreationen meinen alle das eine: das Zeichnen geometrischer Grundlagen zum Verständnis von Funktionen, Zusammenhängen und Bauabläufen.

Bauzeichnen ist keine Erfindung der Neuzeit, sondern seit vielen Jahrhunderten bekannt. Jede Epoche hatte ihre ganz eigene Methodik der Darstellung. Schon vor der neuzeitlichen Geschichtsschreibung ist das „Technische Zeichnen" beispielsweise durch Mathematiker wie Pythagoras von Samos (570 v. Chr. bis 510 v. Chr.) oder Euklid von Alexandria (um 3 v. Chr.) erforscht und gefestigt worden.

Auch zu diesem Zeitpunkt gab es bereits eine stillschweigende Übereinkunft der Darstellung zur Verbesserung des Verständnisses von technischen Abläufen. Grafiken als Zeitzeugen beweisen das eindrucksvoll. Als Beispiele seien hier der Pyramidenbau oder die babylonischen Bauten genannt. Mit den Skizzen auf Papyrus oder auch an Wänden war es jedem Baumeister dieser Zeit möglich, ein Bauwerk zu beginnen und fertigzustellen. Auch heute werden topaktuelle Baustellenskizzen noch auf Wänden oder isometrischem Skizzenpapier erstellt (siehe Kap. 5.1).

In der neuzeitlichen Geschichtsschreibung lassen sich Entwicklungen der technischen Darstellungen aufzeigen, die immer wieder auf den historischen Forschungen von Pythagoras und Euklid basieren. Insbesondere sind hier zu nennen:

- Villard de Honnecourt,
- Guido da Vigevano,
- Taccola,
- Leonardo da Vinci,
- Jacques de Vaucanson,
- Georgius Agricola (Buch der Metallkunde „De re metallica libri XII", Erzaufbereitung).

So ist der Wunsch nach klaren Regelungen zur Darstellung technischer Zusammenhänge und Abläufe durchaus nachvollziehbar. Dies wird seit Beginn des 20. Jahrhunderts durch sogenannte Normenregelungen festgelegt. In Deutschland werden technische Zeichnungen seit 1921 nach einer festgelegten Zeichensprache mit Bestimmungen und Regeln angefertigt; dies wird realisiert über die DIN, Kurzwort für „Deutsche Industrie-Norm", später gedeutet als „Das Ist Norm" (DUDEN, 2009). DIN ist gleichzeitig auch das „Verbandszeichen des Deutschen Instituts für Normung e. V." (früher Deutscher Normenausschuss).

Bauzeichnungen müssen eindeutig und zweifelsfrei lesbar sein. Dreh- und Angelpunkt ist seit vielen Jahren die in der DIN ISO 128 formulierte Darstellung für „Allgemeine Grundlagen der Darstellung". In dieser Norm sind beispielsweise die Arten und Inhalte von Bauzeichnungen für die Objekt- und Tragwerksplanung (Entwurf, Genehmigung, Ausführung von baulichen Anlagen im Hochbau) festgelegt. Weitere Themen des Bauzeichnens sind in nationalen und internationalen Normen geregelt:

- Linien, Schriften, Zeichnungsvordrucke und Schriftfelder,
- Ansichten und Schnitte, Maßeintragung und Maßstäbe,
- Bezeichnungssysteme (Gebäude- und Gebäudeteile, Raum-Namen, -Nummern und -Kennzeichnungen),
- Gliederung und Benennung von Layern für CAD,
- Begriffe für die Dokumentation im Bauwesen.

Im Rahmen der Europäisierung und Internationalisierung sind Regelwerke auch in anderen Ländern mit denselben Inhalten übernommen. In diesen Fällen ist die Kenntlichmachung für eine europäische Norm „DIN EN", für eine internationale Norm „DIN ISO". Die Bezeichnung mit dem Kurzzeichen DIN ISO sagt aus, dass eine internationale Norm unverändert in eine deutsche Norm übernommen wurde. ISO steht für „International Organisation for Standardization" (O und S werden in der Abkürzung vertauscht).

In diesem Zusammenhang ist auf die Minimalanforderung einer Norm hinzuweisen. Eine Norm ist eine Verabredung von Experten, die diesen formulierten Anforderungsmaßstab als „Stand der Technik" ansehen. So belegen einige BGH-Urteile der jüngsten Vergangenheit diesen Grundsatz: DIN-Normen sind Empfehlungen und können angewendet werden, allerdings müssen sie nicht benutzt werden. Grundsätzlich handelt es sich um „private Regelwerke mit Empfehlungscharakter" (BGH 1998, 2004). Als solche können sie hinter dem Stand der Technik zurückbleiben, haben aber die Vermutung für sich, dass sie den Stand der Technik abbilden. Diese Vermutung kann durch Sachverständigenbeweis widerlegt werden (BGH 2004).

In den folgenden Kapiteln werden auszugsweise Darstellungsmethoden bautechnischer Normen beschrieben, diskutiert und anhand der unterschiedlichen Darstellungsweisen exemplarisch die Variationen dargestellt.

Technische Zeichnung

Eine technische Zeichnung ist eine Zeichnung in der für technische Zwecke erforderlichen Art und Vollständigkeit. Synonyme – häufig nicht korrekte – Bezeichnungen sind: Abbildung, Bild, Darstellung, Grafik, Skizze (DUDEN, 2009).

Im Unterschied zur technischen Skizze (Entwurfsplanung) ist die „Technische Zeichnung“ exakt und maßstabgetreu, weil sie mithilfe von Zeichengeräten – manuell und/oder maschinell – erstellt wird.

Technische Zeichnungen sind die Grundlage für die Planung und Herstellung von Gegenständen, Geräten und Bauten. Das technische Zeichnen gibt es bereits seit dem Altertum. Mit der Massenfertigung von Gütern und der damit verbundenen Rationalisierung durch moderne, arbeitsteilige Fertigung mit vorgefertigten Einzelteilen, z. B. Schrauben und anderen Verbindungsteilen sowie Zahnrädern, entstand die Notwendigkeit, allgemein verbindliche Darstellungsweisen für technische Gegenstände einzuführen. Diese Regeln sind in den DIN-Blättern festgehalten (DIN – Deutsches Institut für Normung e. V.).

Technische Zeichnungen – und dazu gehören auch Bauzeichnungen – sind internationale Verständigungsmittel.

Plan

Der „Plan“ ist durch eine Norm nicht definiert: Plan ist eine zeichnerische Darstellung, die Zuordnungen oder Funktionen klären soll.

Es gelten entsprechend der Anwendungsbereiche, z. B. Bauwesen, Hochbau, Tiefbau, Landschaftsbau, Entwässerungstechnik, Statik, Vermessungstechnik, Elektrotechnik/Elektronik, Pneumatik/Hydraulik u. a. m., weitere gesonderte zusätzliche Normen und Vorschriften.

Entsprechend der Aufgabenbereiche (z. B. Hoch-, Tief- oder Landschaftsbau) und der zu lösenden technischen Aufgabe (Plandarstellung) sind der Maßstab einer zeichnerischen Darstellung und damit das festzulegende Papierformat zu wählen.

So kann es beispielsweise ausreichen, einen einzigen technischen Plan zu erstellen. Andererseits können vielfältige technische Aufgaben unter Umständen aber auch Lösungen erfordern, die eventuell als „technische Arbeitsplanmappe“ im DIN-A3- oder DIN-A2-Format für die Bauausführenden auf einer Baustelle besser zu benutzen sind als ein einziger Plan, der weit über das DIN-A0-Format hinaus geht.

Bauzeichnungen

In Abhängigkeit einer spezifischen Anwendung sind exemplarisch die folgenden Arten von Bauzeichnungen denkbar:

- Bauzeichnungen für Entwurf und Bauvorlage,
- Vorentwurfszeichnung (Maßstab 1 : 500 oder 1 : 200),
- Entwurfszeichnungen (M 1 : 100),
- Bauvorlagezeichnungen, Genehmigungszeichnungen,
- Bauzeichnungen für die Ausführung,
- Ausführungszeichnungen (M 1 : 100, 1 : 50),
- Detailzeichnungen (M 1 : 20, 1 : 10, 1 : 5, 1 : 1),
- Sonderzeichnungen (Maßstab je nach Erfordernis),
- Bauzeichnungen für die Aufnahme baulicher Anlagen,
- Abrechnungszeichnungen (Maßstab je nach Erfordernis),
- Bestandszeichnungen, Bauaufnahmen (Maßstab je nach Erfordernis).

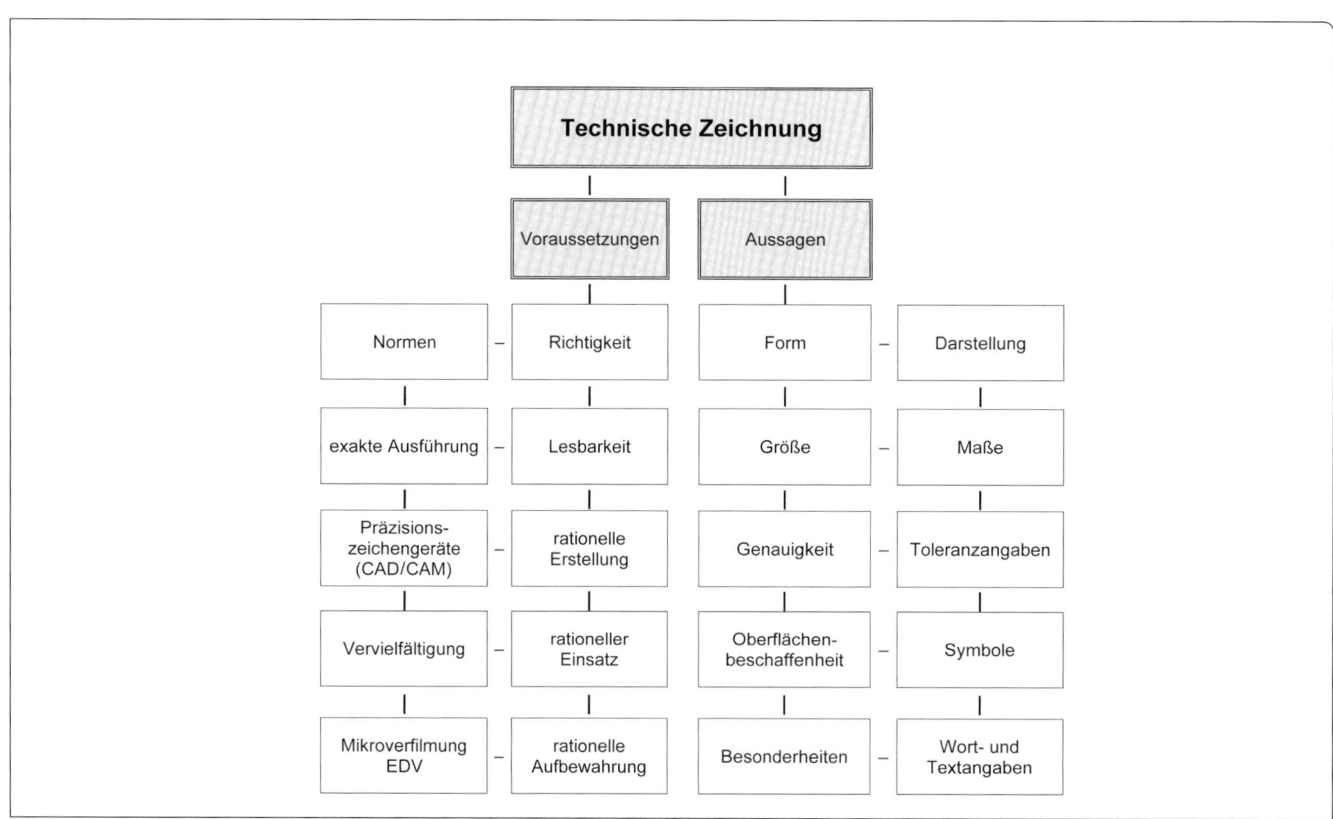

Abb. 1-1: Gegenüberstellung von erforderlichen Voraussetzungen und Aussagen für das technische Zeichnen.

1 Grundregeln zum Bauzeichnen

1.1 Papierformate, Plan- oder Blattgrößen, Faltung

1.1.1 Papierformate, Plan- oder Blattgrößen

Für anzuwendende Blattgrößen gilt grundsätzlich, dass eine Original-Zeichnung auf einem Bogen des kleinsten Formats dargestellt sein sollte, die noch die nötige Übersichtlichkeit und Auflösung zulässt (DIN EN ISO 5457).

Die Standardgrößen für Papierformate in Deutschland sind im Verhältnis zwischen Breite und Höhe bei allen Formaten 1 : √2. Als rein nationale Norm ist auch die DIN 476-2, Papier-Endformate – C-Reihe, heute noch gültig.

Vorzugsweise sind die folgenden Abmessungen (siehe Tab. 1.1-1) anzuwenden (vgl. DIN EN ISO 216).

Tab. 1.1-1: Formate nach DIN EN ISO 216 (alle Angaben in mm)

Formatbezeichnung	Beschnittene Formatgröße		Nutzbare Zeichenfläche	
	a1	**b1**	**a2 – ± 0,5**	**b2 – ± 0,5**
A0	841	1189	821	1159
A1	595	841	574	811
A2	421	595	400	565
A3	297	421	277	392
A4	210	297	180	255

Nach der nationalen Norm DIN 1356-1 sind Blattgrößen und Zeichenflächen vorzugsweise nach Angaben der DIN 6771-6 zu wählen, diese Norm ist bereits 1999 ersatzlos zurückgezogen. Es ist aus diesem Grund auf die internationale Vereinbarung der DIN ISO 128-1 zu verweisen, die wiederum ausdrücklich auf die DIN EN ISO 5457 verweist.

1.1.2 Faltung

Für Faltungen wird in der DIN 1356-1 der Verweis auf die DIN 824 angegeben.

Planformate von A3 bis A0 sind als Ablageformate (vgl. DIN 824) gemäß der beschnittenen Grundmaße nach A4 zu falten.

Es gelten die nach Norm angegebenen zulässigen Abweichungen. Abweichungen der Einzelfalten sind nicht

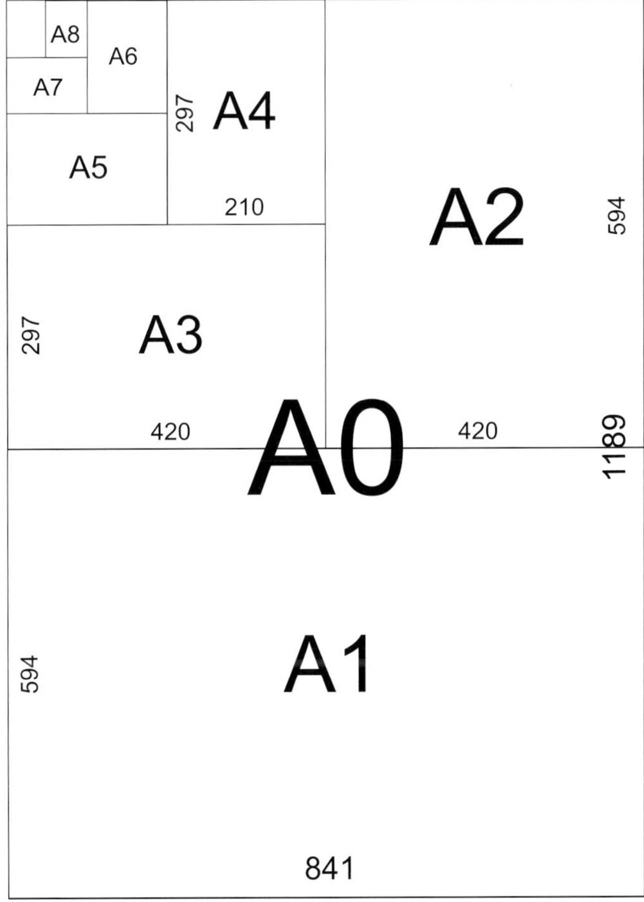

Abb. 1.1-1: Übliche Blattformate (A4 bis A0).

festgelegt, nur das Ablageformat (A4) muss eingehalten werden. Sofern mehrere Pläne für ein Projekt erforderlich sind, ist mindestens ein Planordner (Projektordner) empfehlenswert. Die Planunterlagen sind dann, sofern kein zusätzlicher Heftrand vorgesehen ist, mit einer Lochung (vgl. DIN 821-2) zu versehen; Lochverstärkungen sind empfehlenswert.

Die Faltung ist so herzustellen, dass der Plan im eingehefteten Zustand entfaltbar und auch wieder faltbar ist.

Ein Schriftfeld (siehe Kap. 1.4) ist obligatorisch, es muss auf der Deckseite des gefalteten Plans in Leserichtung in der unteren rechten Ecke liegen. Der Platz über dem Schriftfeld ist freizuhalten. Ausnahmen sind Informationen zur Planerläuterung oder Übersichten der Gesamtplanung.

Alle Angaben beziehen sich sowohl auf die Maschinen- wie auch die Handfaltung.

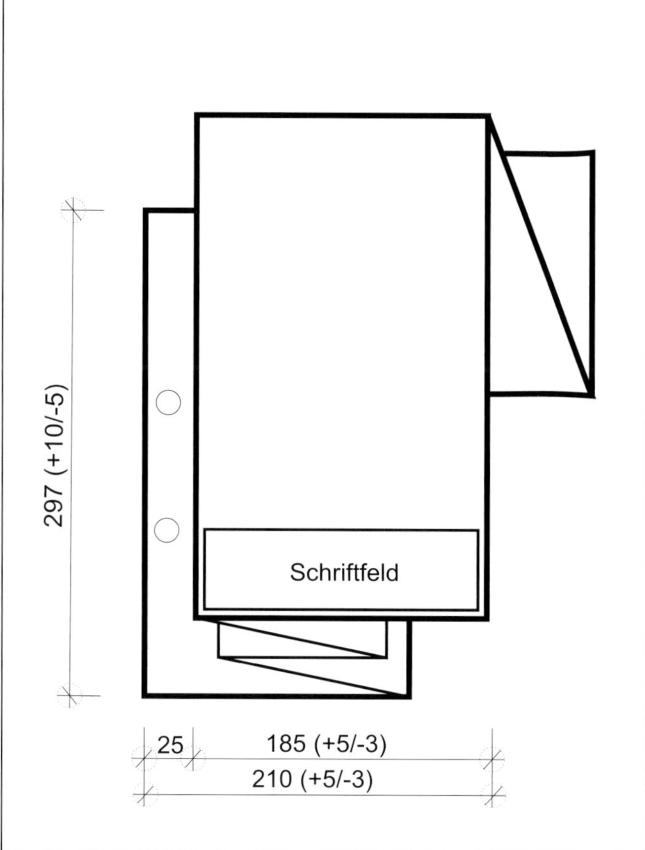

Abb. 1.1-2: Faltung für die Ablage mit Heftung und ausgefaltetem Heftrand (DIN 824 – Form A). Die Bemaßung (siehe Kap. 1.4) besteht aus Maßzahl, Maßlinie, Maßlinienbegrenzung und Maßhilfslinie. Der am Ende der Maßlinie dargestellte Kreis (Punktlinie) hat den Zweck einer Begrenzung der vorgenannten Angaben, er ist eine imaginäre Darstellung und wird nicht gezeichnet.

1.2 Maßstab (Darstellung verschiedener Maßstäbe)

Der Maßstab hat eine zentrale Bedeutung für die technische Zeichnung (vgl. DIN ISO 5455). Er entscheidet über die darzustellende Detailgenauigkeit und letztlich dann über die Blattgröße (siehe Abb. 1.1-1). Das Original (nach Definition dann der „natürliche Maßstab" 1 : 1), kann nur selten auf einem Planformat von A4 bis A0 dargestellt werden oder es ist gar nicht erforderlich.

Bautechnische Zeichnungen erfordern die vollständige Angabe eines Maßstabes. In der Regel besteht er bei internationaler Anwendung der angefertigten Zeichnungen aus dem Wort „SCALE" bzw. bei nationalem Gebrauch aus dem Wort „Maßstab" sowie dem Maßstabsverhältnis. Sofern keine missverständlichen Deutungen möglich sind, darf das Wort Maßstab (Scale) weggelassen werden.

Sollten mehrere Maßstäbe in einer Zeichnung erforderlich sein, ist der Hauptmaßstab in das Schriftfeld einzutragen, die übrigen Maßstäbe sind in der Nähe der Positionsnummer oder der Kennbuchstaben des Details (Detailausschnitt, Schnitt, Schnittansicht) einzubringen.

Übliche Maßstäbe (vgl. DIN ISO 5455) der bautechnischen Zeichnung zeigt Tabelle 1.2-1.

Sind aus fachtechnischer Sicht einzelner Gewerke (z. B. Elektro, Sanitär u. a.) andere Maßstäbe außerhalb der üblichen erforderlich, können auch Zwischenwerte gewählt werden. Bewehrungspläne werden oft im Maßstab 1 : 25 erstellt.

Planunterlagen werden oft zur Information als Kopien zur Verfügung gestellt, sie sind damit im Regelfall nicht mehr maßstabsgetreu. Abhilfe kann hier die Anwendung eines „Transversalmaßstabes" (siehe Abb. 1.2-1) bieten, der auf dem Plankopf über dem Schriftfeld eingezeichnet wird. Damit kann zumindest annähernd auch ein Zwischenmaß mit einer einfachen Abstandsmessung (Zirkel o. Ä.) ermittelt werden.

Die Wahl des Maßstabs hat entscheidenden Einfluss auf den Detaillierungsgrad einer Darstellung und letztlich auch auf die erforderliche Blattgröße wie die Abbildung 1.2-2 verdeutlicht. Am Beispiel eines Pflasterwegausschnittes ist ablesbar, dass ein Maßstab 1 : 100, 1 : 50 völlig unbrauchbar für eine klare Lesbarkeit ist. Ein Maßstab 1 : 20 ist grenzwertig. Erst eine Darstellung im Maßstab 1 : 10 stellt ein klares Fugenbild des Pflasters und die Breitendimensionierung dar.

Auch das Planen von exakten Wegbreiten und -angaben hat seine Vorteile: So würde die Maßangabe der Wegbreite von 180 cm im folgenden Beispiel (siehe Abb. 1.2-2) keinerlei Materialtoleranz und Fugenbreite berücksichtigen. An den Rändern müsste in jedem Fall geschnitten, gesägt oder gekrackt werden. Hier wird die Notwendigkeit einer exakten Fugenmaßangabe deutlich. Ohne diese exakte Angabe (20,5 cm) wäre das Gesamtpflastermaß, mit 180 cm Wegbreite, zu schmal dimensioniert. An den Rändern müsste dann jeder Pflasterrandstein geschnitten werden. Diese Vorgehensweise wäre nicht nachhaltig und sehr kostenintensiv.

Tab. 1.2-1: Übliche Maßstäbe einer bautechnischen Zeichnung nach DIN ISO 5455

Vergrößerung des Originals (Das Verhältnis ist größer als 1 : 1. Der Maßstab wird größer, wenn sein Verhältniswert zunimmt.)	50 : 1	20 : 1	10 : 1
Natürlich			1 : 1
Verkleinerung des Originals (Das Verhältnis ist kleiner als 1 : 1. Der Maßstab wird kleiner, wenn sein Verhältniswert abnimmt.)	1 : 2	1 : 5	1 : 10
	1 : 20	1 : 50	1 : 100
	1 : 200	1 : 500	1 : 1000
	1 : 2000	1 : 5000	1 : 10 000

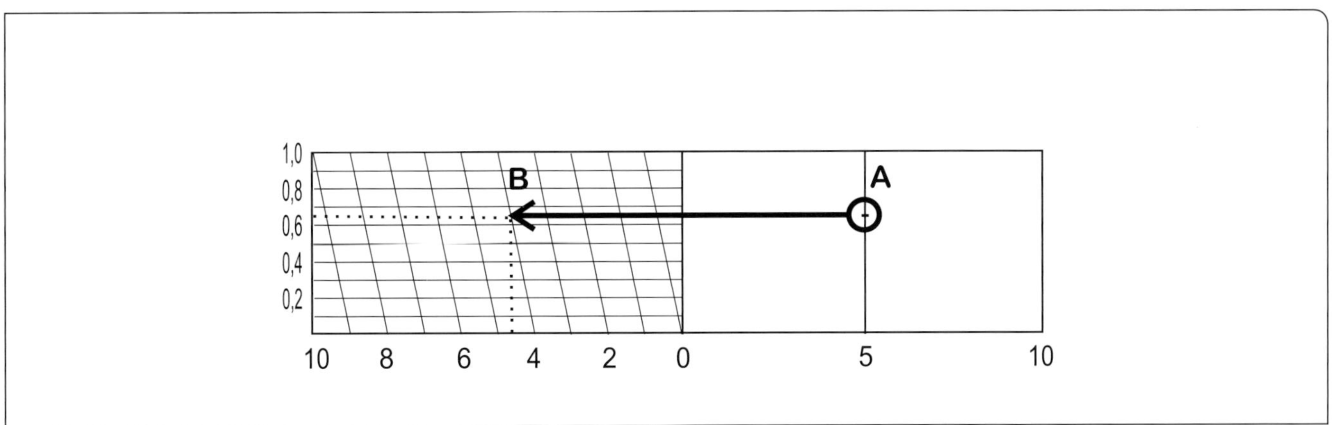

Abb. 1.2-1: Transversalmaßstab mit einem aus dem Original übertragenen Maß (hier als Beispiel 9,65 m). Ausgehend über die ermittelte Strecke (AB) wird von der Abszisse über die Transversale eine Deckungsgleichheit gesucht.

Maßstabvergleich

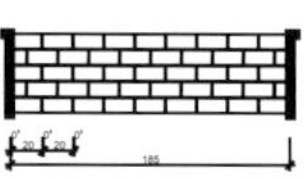

M 1 : 100

(1 m = 1 cm)

Abb. 1.2-2: Vergleich der Lesbarkeit bei der Verwendung unterschiedlicher Maßstäbe für einen Weg mit Rechteckpflaster (10/20 cm). Die Wegbreite ergibt sich aus der Steinbreite einschließlich der Fuge, also: (20,5 cm × 9) + 0,5 cm = 185,0 cm.

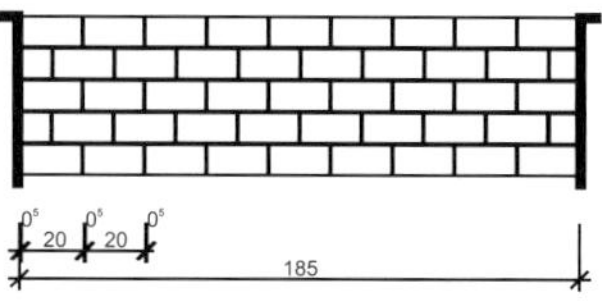

M 1 : 50

(1 m = 2 cm)

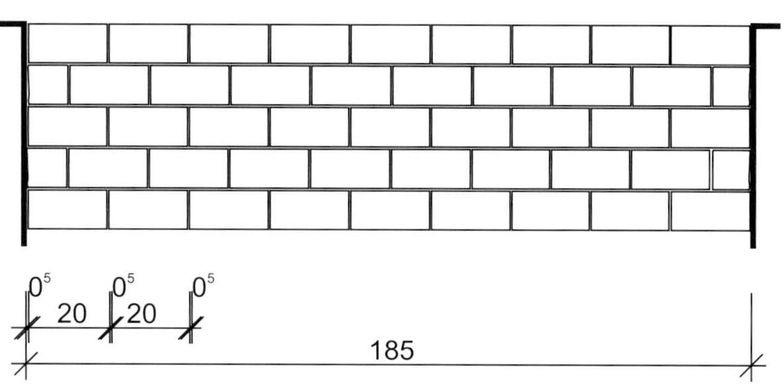

M 1 : 20

(1 m = 5 cm)

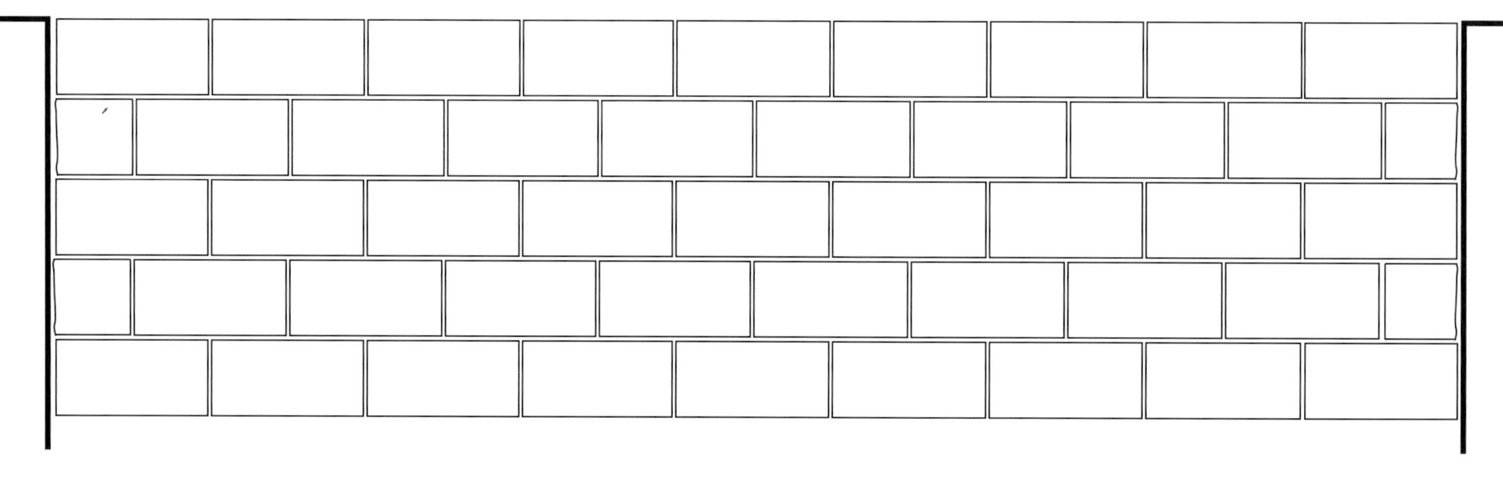

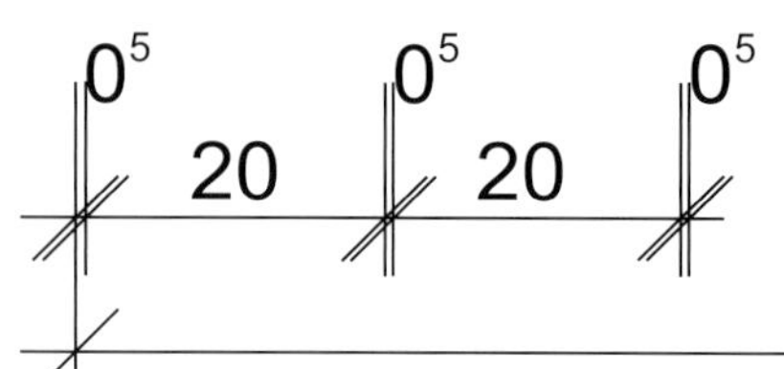

M 1 : 10

(1 m = 10 cm)

1.3 Linienarten und Linienbreiten (nach DIN 1356-1, DIN EN ISO 128-20 und 23)

1.3.1 Liniengrundarten und -breiten

Für Bauzeichnungen sind die Linienarten nach Tabelle 1.3-1 anzuwenden. Dabei beschränkt sich die DIN 1356-1 auf vier Grundlinienarten:

- Volllinie,
- Strichlinie,
- Strichpunktlinie,
- Punktlinie.

Nach DIN EN ISO 128-20 werden 15 Grundlinienarten angegeben. Im Regelfall sind die vier Grundlinienarten und deren Kombination für eine Darstellung einer technischen Zeichnung ausreichend.

Im internationalen Austausch von Bauzeichnungen sind die Anwendungen der jeweiligen Teile aus der Normengruppe DIN EN 128 (Teile 1 bis 50) dringend zu empfehlen, vorab sind die zu verwendenden Linienarten und -breiten verbindlich festzulegen.

Vorzugsweise werden die Linienbreiten in Abhängigkeit vom Maßstab, dem darzustellenden Objekt und der Darstellungsart wie in Tabelle 1.3-1 gewählt.

Eindeutiger Grundsatz ist die klare Lesbarkeit einer technischen Zeichnung. In einem CAD-Plott sind nicht erkennbare Linien unbrauchbar.

Tab. 1.3-1: Linienarten in Anlehnung an DIN EN ISO 128-20 und DIN 1356-1

Linienart	Text, Bedeutung, Anwendung, Beispiele
Volllinie	
schmal	• Begrenzungen unterschiedlicher Werkstoffe in Ansichten und Schnitten, • Schraffuren, • Diagonallinien für die Angabe von Öffnungen, Durchbrüchen und Aussparungen (Schlitzen), • Pfeillinien in Treppen, Rampen und geneigten Ebenen, • Rasterlinien 1. Ordnung (bei Bedarf andersfarbig als Umrisslinien), • kurze Mittellinien, • Maßhilfslinien, • Maßlinien und Maßlinienbegrenzungen, • Hinweislinien, • vorhandene Höhenlinien in Zeichnungen für Außenanlagen, • sichtbare Umrisse von Teilen in der Ansicht, • vereinfachte Darstellung von Türen, Fenstern, Treppen, Armaturen, • Umrahmung von Einzelheiten.
breit	• Sichtbare Umrisse von Teilen in Schnitten mit Schraffur, • Begrenzungen unterschiedlicher Werkstoffe in Ansichten und Schnitten, • sichtbare Umrisse von Teilen in der Ansicht, • vereinfachte Darstellung von Türen, Fenstern, Treppen, Armaturen, • Rasterlinien 2. Ordnung (bei Bedarf andersfarbig als Umrisslinien), • Pfeillinien zur Kennzeichnung von Ansichten und Schnitten, • projektierte Höhenlinien in Zeichnungen für Außenanlagen), • sichtbare Körperkanten in Ansichten, Draufsichten und Schnittansichten etc., • Begrenzung von unterschiedlichen Werkstoffen in Ansichten und Schnitten, • Umrisse von geschnittenen Teilen ohne Schraffur.
sehr breit	• Sichtbare Umrisse von Teilen in Schnitten ohne Schraffur, • Bewehrungsstähle, • Linien mit besonderer Bedeutung, • Begrenzung von Flächen geschnittener Bauteile, • Umrisse von geschnittenen Teilen mit Schraffur, • projektierte Höhenlinien in Außenanlagen, • Bewehrung.

Tab. 1.3-1: Linienarten in Anlehnung an DIN EN ISO 128-20 und DIN 1356-1 (Fortsetzung)

Linienart	Text, Bedeutung, Anwendung, Beispiele
Strichlinie	
schmal	• Vorhandene Höhenlinien (Außenanlagen); alternativ auch Volllinie, • Unterteilung von Pflanzflächen oder Rasen, • verdeckte Kanten, • verdeckte Umrisse, alternativ auch „breite Strichlinie", • Hauptdarstellungen in Diagrammen, Karten, Fließbildern, • Systemlinien (Metallbau), • Schnittpfeillinien.
breit	• Verdeckte Umrisse, alternativ auch „schmale Strichlinie".
sehr breit	• Bewehrungsstahl in der unteren Lage einer Draufsicht oder hinteren Lage einer Seitenansicht, sofern untere und obere oder vordere und hintere Bewehrungslagen in derselben Zeichnung dargestellt werden.
Strichpunktlinie	
schmal	• Schnittebenen, • Mittellinien, • Symmetrielinien (an den Enden durch zwei rechtwinklig gezeichnete schmale, kurze, parallele Linien gekennzeichnet), • Rahmen für vergrößerte Einzelheiten, • Bezugslinien, • Begrenzungen von teilweisen oder unterbrochenen Ansichten und Schnitten, • Teilkreis (bei Löchern), • Teilkreis (bei Verzahnung).
breit	• Schnittebenen, • Umrisse von sichtbaren Teilen vor der Schnittebene.
sehr breit	• Zweitrangige Linien für Lagebezeichnungen und beliebige Bezugslinien, • Kennzeichnung von Linien oder Oberflächen mit besonderen Anforderungen, • Grenzlinien für Verträge, Phasen, Bereiche u. Ä.
Strichzweipunktlinie	
schmal	• Alternativ- und Grenzstellungen beweglicher Teile, • Schwerlinien, • Umrisse angrenzender Teile, Endstellungen von beweglichen Bauteilen.
breit	• Umrisslinien nicht sichtbarer Teile vor der Schnittebene.
sehr breit	• Vorgespannte Bewehrungsstähle und -seile.
Punktlinie	
schmal	• Umrisse von nicht zum Projekt gehörenden Teilen.
Strichdreipunktlinie	
schmal – breit	• Flurgrenzen (Katasterkarten).

Für das Zeichnen der Linienbreiten gilt der Verhältnisgrundsatz:
sehr breite Linien | breite Linien | schmale Linien von 4 | 2 | 1.

In Abhängigkeit von der Blattgröße und Zeichnung ist die Linienbreite mit dem Verhältnis 1 : $\sqrt{2}$ (1 : 1,4) anzuwenden:
0,13–0,18–0,25–0,35–0,50–0,70–1,00–1,40–2,00 mm.

Tab. 1.3-2: Linienbreiten (DIN ISO 128-23, Tabelle 2)

Liniengruppe	schmal	breit	sehr breit	Symbole	Anwendungsbeispiele
0,25	0,13	0,25	0,5	0,18	Nur bei Weiterverarbeitung von verkleinerten Plänen der Liniengruppe 0,7 bis 1,0
0,35	**0,18**	**0,35**	**0,7**	**0,25**	Maßstäbe $\leq$ 1 : 100
0,5	**0,25**	**0,5**	**1**	**0,35**	Maßstäbe $\geq$ 1 : 50
0,7	0,35	0,7	1,4	0,5	
1	0,5	1	2	0,7	Nur bei Verkleinerung von Detailplänen und Erfüllung der Kriterien der Mikroverfilmung, Weiterbearbeitung dann in Liniengruppe 0,25 bis 0,35.

1.3.2 Variationen von Liniengrundarten (vgl. DIN EN ISO 128-20)

Aus den vorgenannten Grundlinienarten lassen sich diverse Variationen – je nach Bedarf – entwickeln. Hier werden keine spezifischen Anforderungen gestellt. Der Grundsatz – Lesbarkeit – hat auch hier oberste Priorität.

Tab. 1.3-3: Variationen von Liniengrundarten in Anlehnung an DIN EN ISO 128-20

Linienart	Text, Bedeutung, Anwendung, Beispiele
Wellenlinie schmal – breit	Bewegliche Leitungen, Schlauch, Wärmedämmung.
Spirallinie schmal – breit	Wärmedämmung.
Zickzacklinie schmal – breit	Wärmedämmung.
Freihandlinie schmal – breit	In Kombination mit Grundlinienarten zum Erstellen individueller Schraffuren.

1.4 Planaufbau, Bemaßung, Schriftfeld, Plantext

1.4.1 Bereich für Darstellungen (Zeichenfläche)

Nach der internationalen Vereinbarung gemäß DIN ISO 128-1 sollen die Textangaben auf einer technischen Zeichnung nach den folgenden Normangaben erstellt werden:

- Bemaßung nach den Normen der Reihe DIN ISO 129-1,
- Beschriftung nach DIN EN ISO 3098-0,
- Zeichnungsschriftfeld nach DIN ISO 9431 für das Bauwesen,
- Darstellung von Gegenständen nach den Normen der Reihe DIN ISO 128 bzw. DIN EN ISO 128,
- Positionsnummern nach DIN EN ISO 6433,
- Größen, Einheiten und Symbole nach ISO 31-1 (jetzt ISO 80000-3:2006-03) und ISO 1000 (jetzt ISO 80000-1:2009-11).

Der Platz auf Zeichnungsvordrucken sollte die folgenden Bereiche beinhalten:

- Bereich für Darstellungen (Zeichenfläche) mit der Bemaßung,
- Bereich für Textangaben (Textfeld) und spezifische Informationen,
- Schriftfeld (vgl. DIN EN ISO 7200).

Die Darstellungen werden in horizontalen Reihen und vertikalen Spalten angeordnet. Diese orthogonale Anordnung erleichtert außerordentlich das Lesen einer Zeichnung. Die Hauptdarstellung (falls vorhanden) ist im linken oberen Teil der Zeichnung oder – bei mehreren Darstellungen – links oben anzuordnen (siehe Abb. 1.4-1). Aus dieser Hauptdarstellung entwickeln sich im gleichen Maßstab Grundrisse, Schnitte und Ansichten (sofern erforderlich). Aus diesen Darstellungen werden dann durch Veränderung des Maßstabs Detailbereiche herausgezogen (siehe Abb. 1.4-2).

Die Darstellungen sind möglichst unter Berücksichtigung der Faltung der Zeichnungsvordrucke auf A4-Format anzuordnen (siehe Abb. 1.1-1 und 1.1-2).

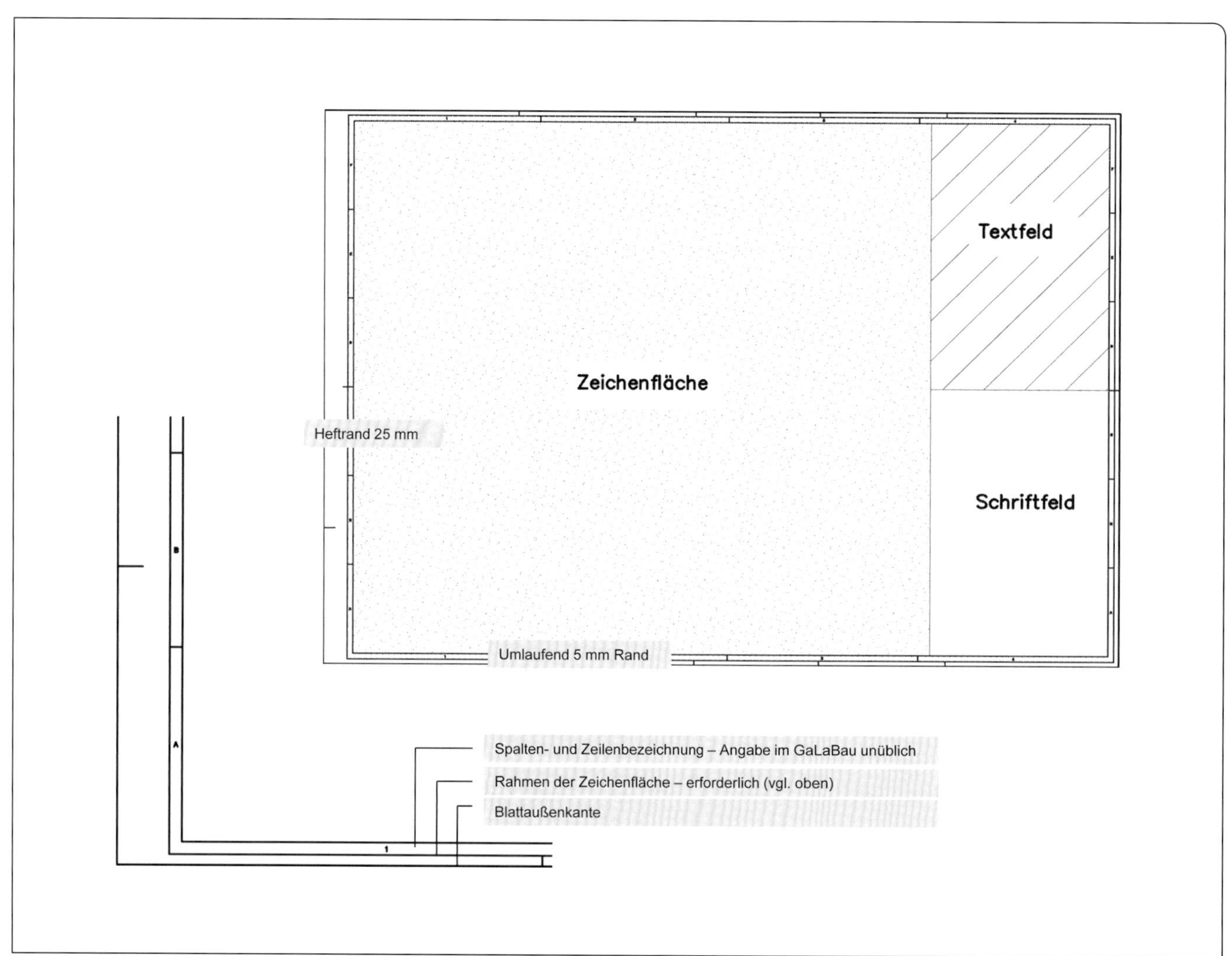

Abb. 1.4-1: Aufteilung des Zeichnungsvordruckes.

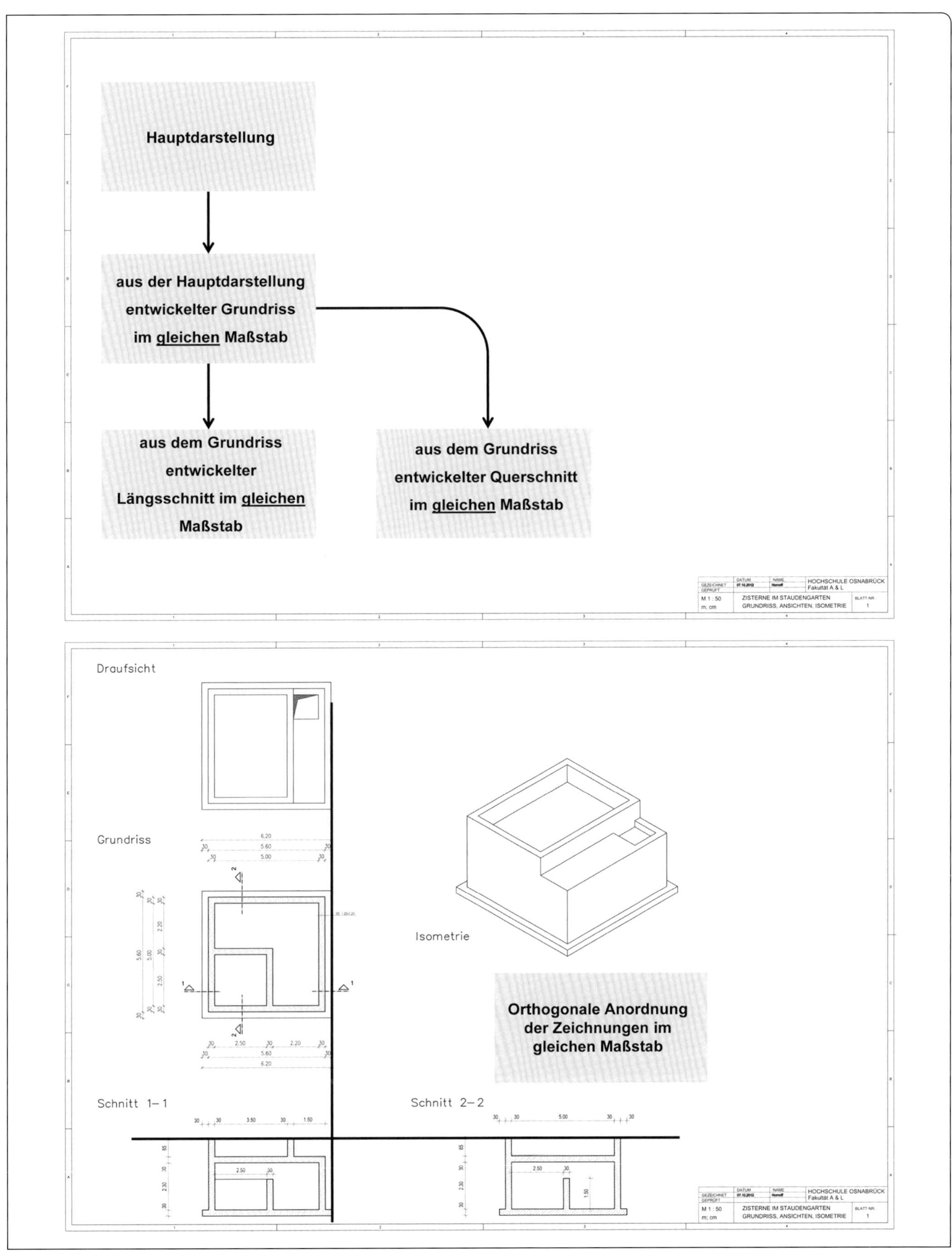

Abb. 1.4-2: Anordnung auf dem Zeichenblatt. Als Minimalanforderung ist eine technische Zeichnung grundsätzlich aus der Draufsicht – im gleichen Maßstab – zu entwickeln (z. B. Hauptdarstellung: Draufsicht in 1 : 50, daraus entwickelter Grundriss, Längsschnitt und Seitenschnitt (Querschnitt) jeweils Maßstab 1 : 50; ausgewählte Bereiche können zusätzlich als Detail vergrößert dargestellt werden).

1.4.2 Bereich für Textangaben (Textfeld)

In das Textfeld auf einem Zeichnungsvordruck sind alle Textangaben aufzunehmen, die zum Verständnis der Zeichnung notwendig sind. Insbesondere sind das erforderliche Änderungsvermerke durch Anpassungen und Ergänzungen der Zeichnung.

Ausgenommen sind solche Textangaben, die in der Nähe der Darstellungen auf der Zeichenfläche stehen müssen. Textangaben werden in der Regel am rechten Rand des Zeichnungsvordruckes angeordnet (siehe Abb. 1.4-1). Die Breite des Textfeldes entspricht der Breite des Schriftfeldes, höchstens 170 mm, mindestens jedoch 100 mm (Formate A3 oder A4). Wenn eine Darstellung die gesamte Breite des Zeichnungsvordruckes beansprucht, wird das Textfeld am Rand des Zeichnungsvordruckes angeordnet (siehe Abb. 1.4-1 und 1.4-2). Seine Höhe wird nach Bedarf gewählt. Das Textfeld wird in Spalten mit entsprechender Breite unterteilt. Die Spaltenbreite soll unter Berücksichtigung der Faltungen (siehe Kap. 1.1) einer Zeichnung festgelegt werden.

Lesbarkeit von Text auf Plänen
Plantext sowie Maßzahlen müssen von unten nach oben und von rechts nach links lesbar sein. Die Schriftgrößen sind dem Maßstab anzupassen. Die Mindestschriftgröße im ausgeplotteten Zustand beträgt 3,5 mm.

Änderungsvermerke und Übersichtlichkeit
Über dem Schriftfeld ist das Feld für Änderungsvermerke freizuhalten. Sofern zweckmäßig, ist auch ein nicht maßstäblicher Übersichtsplan mit der dargestellten Gebietseingrenzung empfehlenswert.

1.4.3 Bemaßung

Die Bemaßung besteht aus Maßzahl, Maßlinie, Maßlinienbegrenzung und im Regelfall der Maßhilfslinie (siehe Abb. 1.4-3).

Maßzahl

Eine Maßzahl ist im Regelfall über der zugehörigen durchgezogenen Maßlinie – mit einem Abstand von etwa 2 bis 3 mm – anzuordnen. In der Gebrauchslage der Zeichnung soll der Inhalt von unten und von der rechten Seite (von rechts) aus lesbar sein. Die Größe der Maßzahl beträgt im ausgedruckten Zustand mindestens 3,5 mm (maximal 5 mm).

Maßlinie

Eine Maßlinie ist eine gerade oder gekrümmte Linie, die zwischen zwei Körperkanten, einer Körperkante und einer Maßhilfslinie oder zwischen zwei Maßhilfslinien liegt. Bei vereinfachter Darstellung und/oder Bemaßung darf die Maßlinie auch nur an einem der oben genannten Elemente enden.

Die Maßlinie ist als „schmale Volllinie" (siehe Kap. 1.3) zu zeichnen. Sie ist parallel zu der zu bemaßenden Strecke anzuordnen.

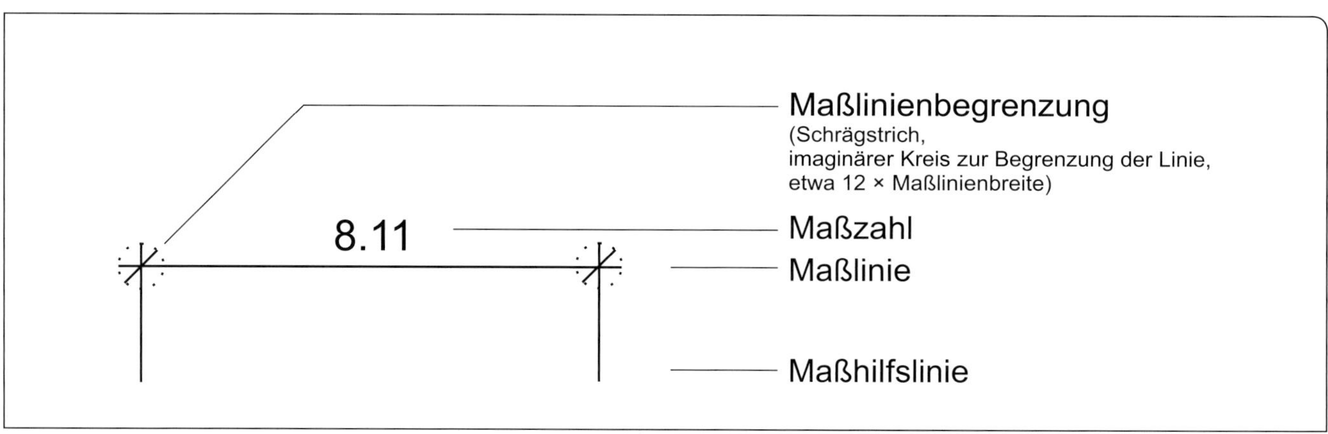

Abb. 1.4-3: Beispieldarstellung für Maßzahl, Maßlinie, Maßlinienbegrenzung und Maßhilfslinie.

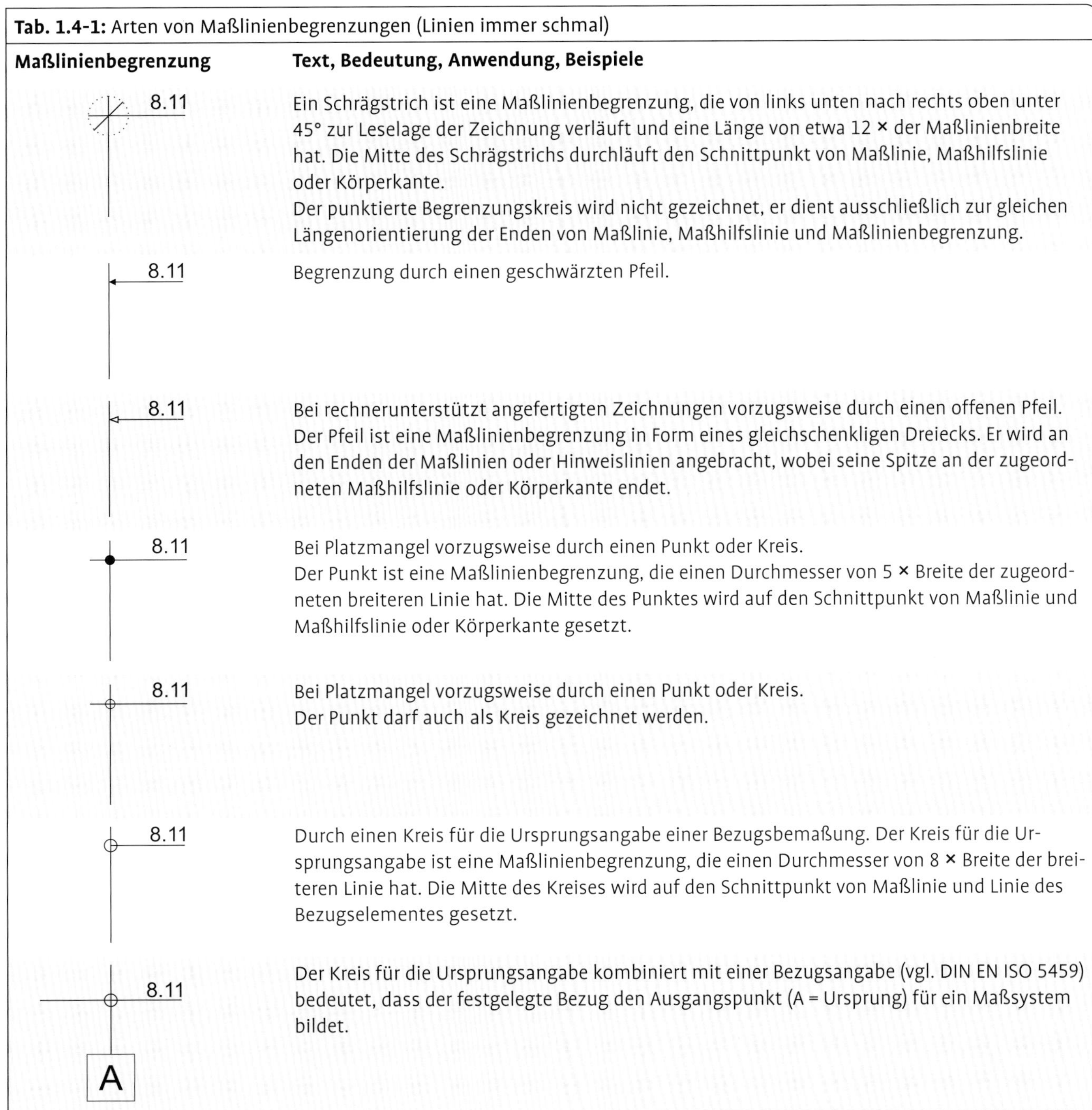

Tab. 1.4-1: Arten von Maßlinienbegrenzungen (Linien immer schmal)

Maßlinienbegrenzung	Text, Bedeutung, Anwendung, Beispiele
8.11	Ein Schrägstrich ist eine Maßlinienbegrenzung, die von links unten nach rechts oben unter 45° zur Leselage der Zeichnung verläuft und eine Länge von etwa 12 × der Maßlinienbreite hat. Die Mitte des Schrägstrichs durchläuft den Schnittpunkt von Maßlinie, Maßhilfslinie oder Körperkante. Der punktierte Begrenzungskreis wird nicht gezeichnet, er dient ausschließlich zur gleichen Längenorientierung der Enden von Maßlinie, Maßhilfslinie und Maßlinienbegrenzung.
8.11	Begrenzung durch einen geschwärzten Pfeil.
8.11	Bei rechnerunterstützt angefertigten Zeichnungen vorzugsweise durch einen offenen Pfeil. Der Pfeil ist eine Maßlinienbegrenzung in Form eines gleichschenkligen Dreiecks. Er wird an den Enden der Maßlinien oder Hinweislinien angebracht, wobei seine Spitze an der zugeordneten Maßhilfslinie oder Körperkante endet.
8.11	Bei Platzmangel vorzugsweise durch einen Punkt oder Kreis. Der Punkt ist eine Maßlinienbegrenzung, die einen Durchmesser von 5 × Breite der zugeordneten breiteren Linie hat. Die Mitte des Punktes wird auf den Schnittpunkt von Maßlinie und Maßhilfslinie oder Körperkante gesetzt.
8.11	Bei Platzmangel vorzugsweise durch einen Punkt oder Kreis. Der Punkt darf auch als Kreis gezeichnet werden.
8.11	Durch einen Kreis für die Ursprungsangabe einer Bezugsbemaßung. Der Kreis für die Ursprungsangabe ist eine Maßlinienbegrenzung, die einen Durchmesser von 8 × Breite der breiteren Linie hat. Die Mitte des Kreises wird auf den Schnittpunkt von Maßlinie und Linie des Bezugselementes gesetzt.
8.11 A	Der Kreis für die Ursprungsangabe kombiniert mit einer Bezugsangabe (vgl. DIN EN ISO 5459) bedeutet, dass der festgelegte Bezug den Ausgangspunkt (A = Ursprung) für ein Maßsystem bildet.

Maßlinienbegrenzung

Die Maßlinienbegrenzung ist im Regelfall als „schmale Volllinie" (CAD-Standard), mit Pfeil (Metallbau) oder als Punkt (Sanitär) darzustellen (vgl. DIN 406-10, DIN 406-11). Eine Maßlinienbegrenzung ist eine grafische Kennzeichnung an Maßlinien, um deren Enden hervorzuheben.

Andere grafische Darstellungen sind in Abhängigkeit der internationalen Vereinbarung nach länderorientierten Spezifikationen möglich.

Maßhilfslinie

Maße, die nicht zwischen den Begrenzungslinien der Flächen eingetragen werden, sind mittels Maßhilfslinien herauszuziehen. Bei Längenmaßen sind die Maßhilfslinien rechtwinklig zur zugehörigen Messstrecke einzutragen, sie gehen etwas über diese hinaus (siehe Abb. 1.4-3).

Sie sind von den zugehörigen Körperkanten abzusetzen.

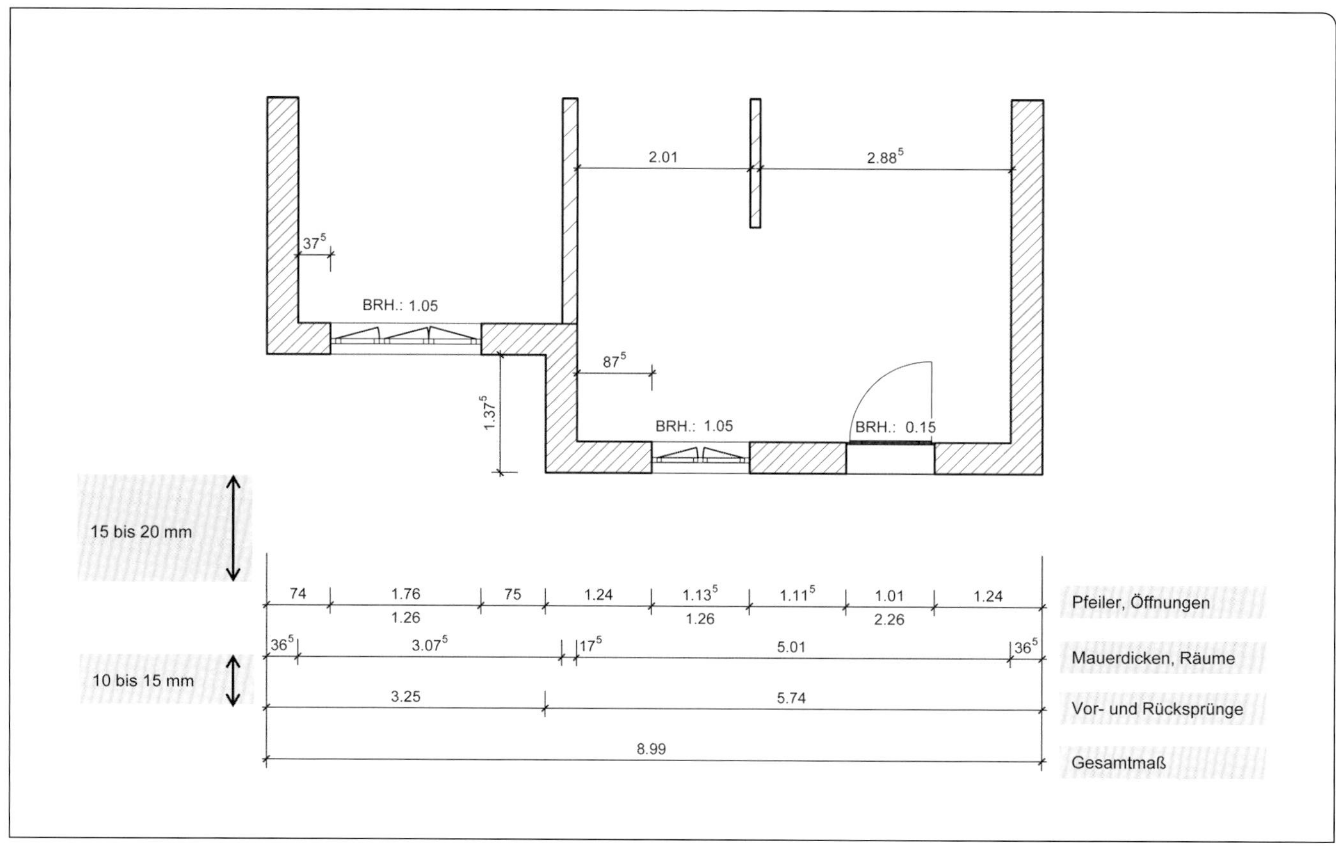

Abb. 1.4-4: Anordnung der Maßketten. Maßhilfslinien werden – sofern möglich – verbunden.

Maßanordnung

Bemaßt wird im Allgemeinen unter bzw. rechts der zeichnerischen Darstellung (vgl. DIN 406-11). Bei mehreren parallelen Maßketten sind die Maßketten entsprechend der Lage der zu bemaßenden Bauteile von innen nach außen anzuordnen. Die zusammenfassenden Maße stehen außen. Maßketten innerhalb der Darstellung sind so anzuordnen, dass die Flächen in Raummitte möglichst frei bleiben.

Maßeintragung

Höhenangaben sind in Schnitten und in Grundrissen bzw. Draufsichten einzutragen. Das Vorzeichen + oder – der Maßzahlen bezieht sich auf die Höhenlage ±0,000 (im Regelfall die planmäßige Höhenlage der Oberfläche der Fertigkonstruktion des Fußbodens im Eingangsbereich, bezogen auf NHN). Bei Brüstungen darf zusätzlich die Rohbauhöhe über Oberfläche Rohfußboden angegeben werden (siehe Abb. 1.4-4).

Zur Unterscheidung zwischen Längen- und Höhenmaßen ist es unter Umständen zweckmäßig, die Höhenangaben mit drei Stellen hinter dem Komma (0,000) anzugeben. Dies ist besonders dann gegeben, wenn es sich nicht um farbige Drucke handelt.

Das rechtwinklige Dreieck oder ein Pfeil sind grafische Symbole zur Gefälleangabe, die anstelle der Angabe „Neigung“ angewendet werden. Die Lage des Dreiecks oder des Pfeils wird durch die Neigung bestimmt (vgl. DIN 406-11 und DIN 406-12).

Das Dreieck wird immer vor den Zahlenwert der Neigung gesetzt und hat ein Seitenverhältnis der Katheten von 1 : 2 (Länge 16 × Linienbreite der Schrift).

Wird in Grundrissen bei der Bemaßung von Wandöffnungen, insbesondere für Türen und Fenster, zusätzlich zur Angabe der Breite auch die Höhe angegeben, so ist die Maßzahl für die Breite über der Maßlinie und die Maßzahl für die Höhe direkt darunter unter der Maßlinie anzuordnen (siehe Abb. 1.4-5).

Rechteckquerschnitte dürfen zur Vereinfachung auch durch Angabe ihrer Seitenlängen in Bruchform bemaßt werden, z. B. 12/16 (im Schnitt: Breite/Höhe).

Runde Querschnitte erhalten vor der Maßzahl das Durchmesserzeichen Ø, z. B. Ø 12. Zu weiteren Querschnitten vergleiche auch DIN ISO 128-50 oder DIN 1353-2.

Radien sind vor der Maßzahl mit dem Großbuchstaben „R“ zu kennzeichnen.

Bezüglich Bemaßungsdefinitionen vergleiche DIN 406-10.

Kettenbemaßung

Die Kettenbemaßung ist eine Bemaßung, bei der einzelne Maße aneinandergereiht angegeben werden (siehe Abb. 1.4-4).

Koordinatenbemaßung

Die Koordinatenbemaßung ist eine Bezugsbemaßung in einem Koordinatensystem (kartesisch oder polar).

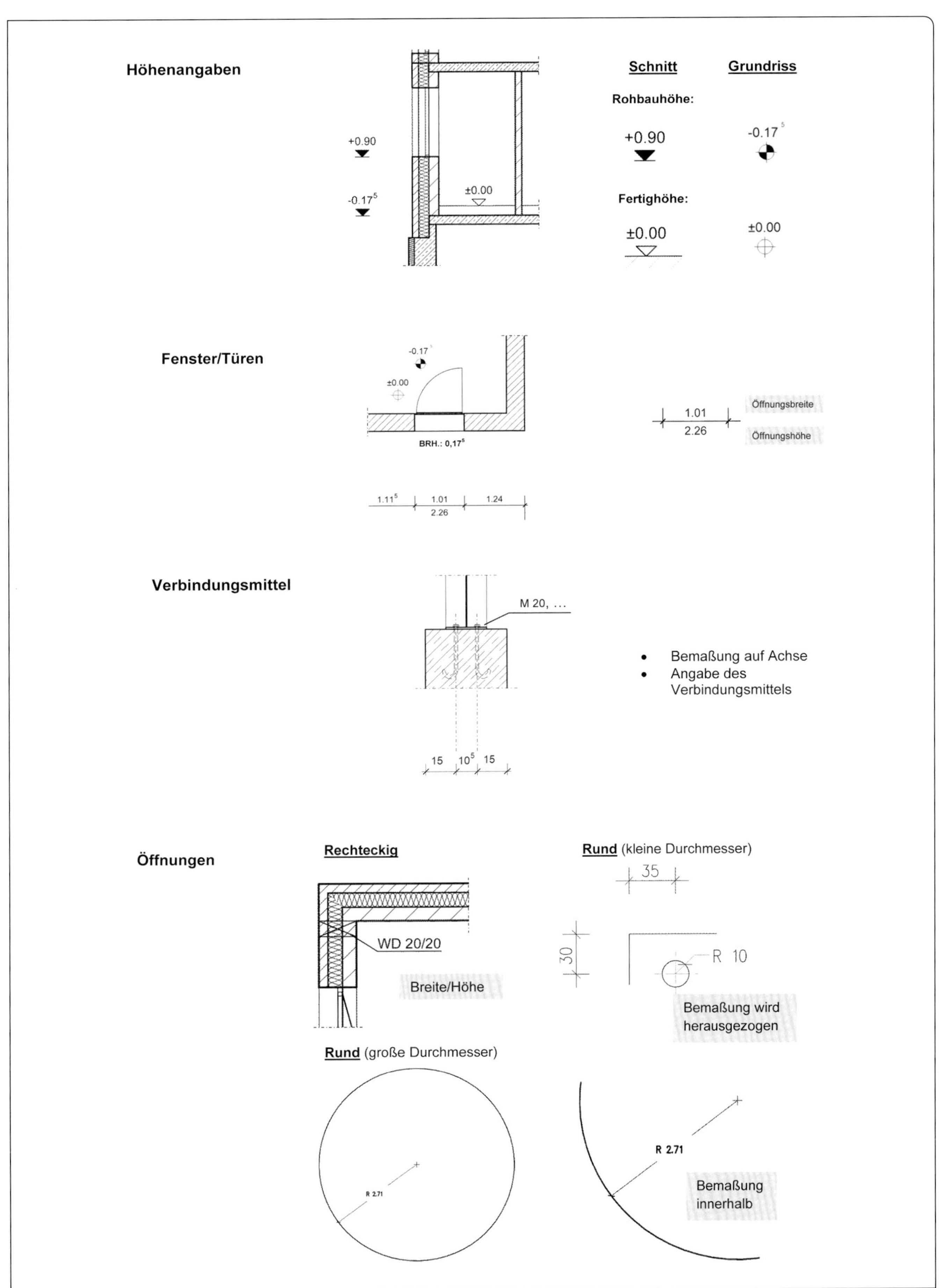

Abb. 1.4-5: Beispiele für Maßeintragungen.

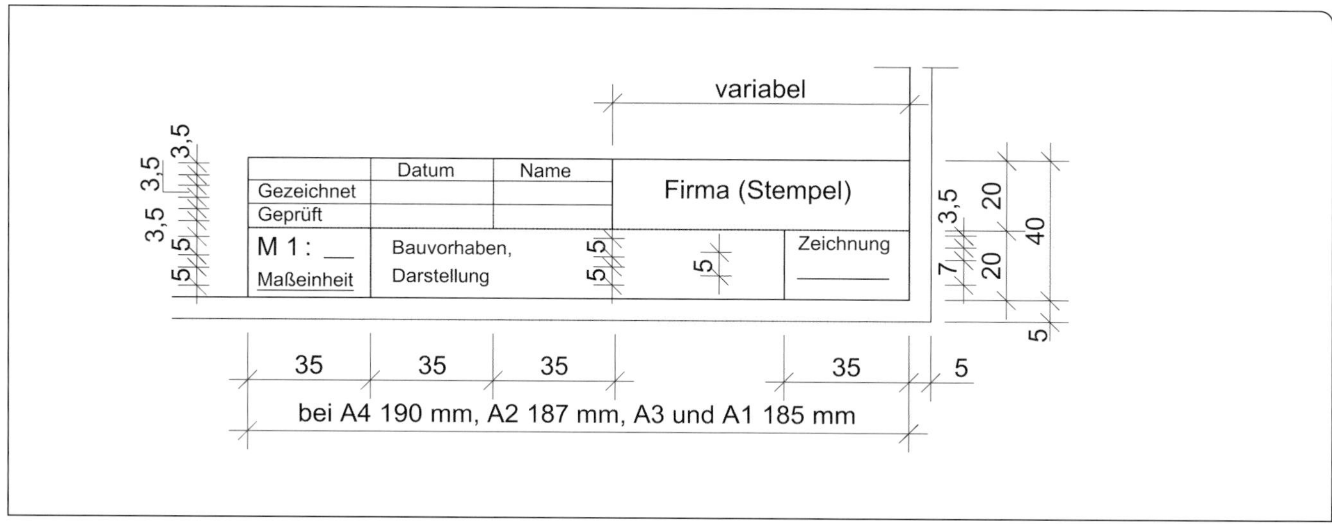

Abb. 1.4-6: Beispieldarstellung für ein Schriftfeld nach DIN EN ISO 5457.

Mittellinie
Eine Mittellinie ist eine Linie zur Festlegung der geometrischen Mitte dargestellter Formelemente.

Parallelbemaßung
Die Parallelbemaßung ist eine Bezugsbemaßung, bei der die Formelemente mit parallel oder konzentrisch zueinander angeordneten Maßlinien einzeln bemaßt werden.

Prüfmaß
Ein Prüfmaß ist ein Maß, das bei Festlegung des Prüfumfangs bzw. der Prüfschärfe besonders beachtet werden muss.

Rohmaß
Ein Rohmaß ist ein Maß, das sich auf den Ausgangszustand eines Gegenstandes bezieht.

Symmetrielinie
Eine Symmetrielinie kennzeichnet die Symmetrieebene, die einen Gegenstand in zwei gedachte, spiegelbildlich gleiche Hälften teilt.

1.4.4 Schriftfeld (siehe DIN EN ISO 5457 und ISO 7200)

Identifizierende Datenfelder sind international in Schriftfeldern (siehe Abb. 1.4-6) festgelegt, sie müssen folgende Angaben enthalten:

- **Gesetzlicher Eigentümer** (Firma). Der Name des gesetzlichen Eigentümers des Dokumentes (z. B. Firma, Gesellschaft, Unternehmen) darf der offizielle Name des Besitzers sein, ein gekürzter Handelsname oder ein Emblem.
- **Sachnummer** (Zeichnung). Eine Sachnummer ist als Bezug zum Dokument zu sehen. Die Sachnummer muss eindeutig sein, grundsätzlich innerhalb der Organisation des gesetzlichen Eigentümers.
- **Ausgabedatum** (Datum „geprüft"). Mit dem Ausgabedatum wird das Datum beschrieben, an dem das Dokument zum ersten Mal offiziell freigegeben wird. Jede weitere – offiziell freigegebene Version – erhält das Datum, an dem das Dokument für die beabsichtigte Nutzung zur Verfügung steht. Das Ausgabedatum ist aus rechtlichen Gründen, beispielsweise für die Patentrechte oder hinsichtlich der Nachweisbarkeit, von Bedeutung.
- **Abschnitts-/Blattnummer** (Bauvorhaben, Darstellung). Durch die Abschnitts-/Blattnummer wird ein Abschnitt oder ein Blatt identifiziert. Je nach Anwendung kann der Informationsinhalt eines Dokuments in feste Teile, Abschnitte genannt, unterteilt werden. Im Falle von „Technischen Zeichnungen" werden diese Abschnitte als „Blätter" bezeichnet.

Alle übrigen Angaben zu Zeichenlängen im Schriftfeld und Verbindlichkeit sind als Empfehlungen bzw. als Option angegeben.

1.5 Schraffuren

Mit der DIN ISO 128-50 (Grundregeln für Flächen in Schnitten und Schnittansichten) werden international die zu verwendenden Schraffuren dargestellt, die zum Teil von der deutschen Norm DIN 1356-1 (Arten, Inhalte und Grundregeln der Darstellung) deutlich abweichen. Sofern verbindliche Absprachen zur Darstellung vereinbart werden, ist die Kenntlichmachung das wesentliche Ziel in einem Schnitt oder einer Schnittansicht (Beispiele, siehe Tab. 1.5-1 und 1.5-2).

Tab. 1.5-1: Schraffuren nach DIN ISO 128-50

Feste Stoffe (S)	Text, Bedeutung, Anwendung, Beispiele	Beispiel (AutoCAD, sofern vorhanden)
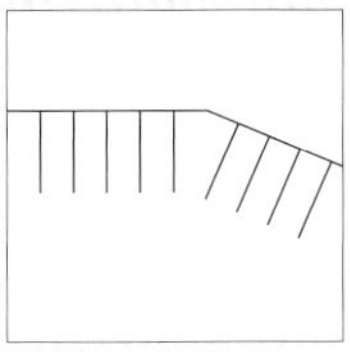	Naturstoffe (SN), gewachsener Boden	ANSI 31
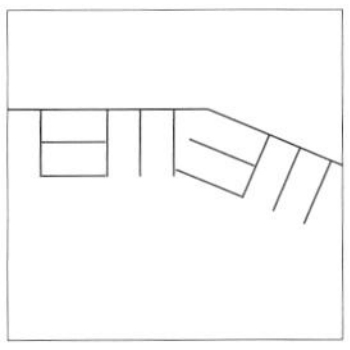	Naturstoffe (SN), geschütteter Boden	EARTH
	Naturstoffe (SN), Fels	DOLMIT
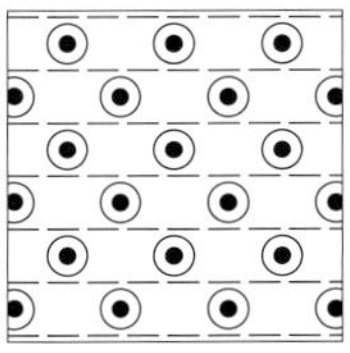	Naturstoffe (SN), Kies	
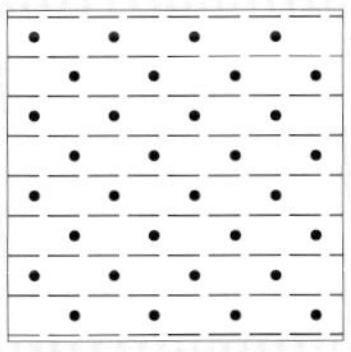	Naturstoffe (SN), Sand	
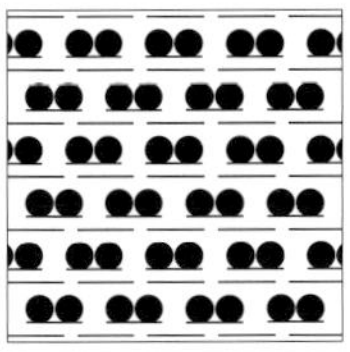	Naturstoffe (SN), Schluff	

Tab. 1.5-1: Schraffuren nach DIN ISO 128-50 (Fortsetzung)

Feste Stoffe (S)	Text, Bedeutung, Anwendung, Beispiele	Beispiel (AutoCAD, sofern vorhanden)
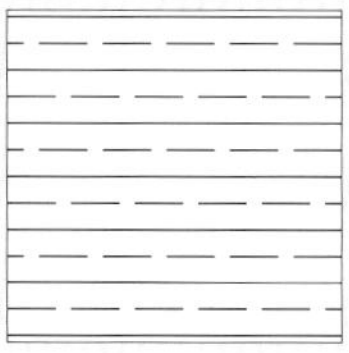	Naturstoffe (SN), Ton	ANSI 33
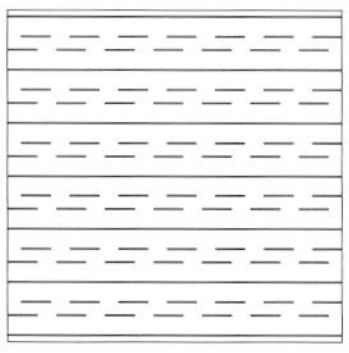	Naturstoffe (SN), Humus	INSUL
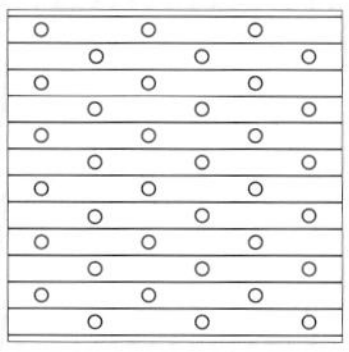	Naturstoffe (SN), Sandstein	
	Naturstoffe (SN), Vollholz, quer zur Faser	
	Naturstoffe (SN), Vollholz, Faserrichtung	
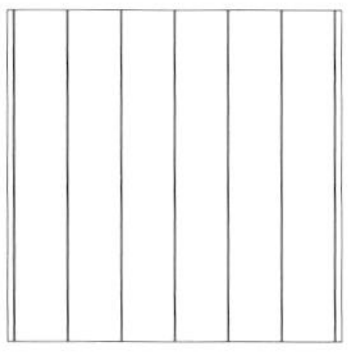	Naturstoffe (SN), Holzwerkstoff	ANSI 31
	Naturstoffe (SN), Bitumen	
	Naturstoffe (SN), Mauerwerk, Ziegel	
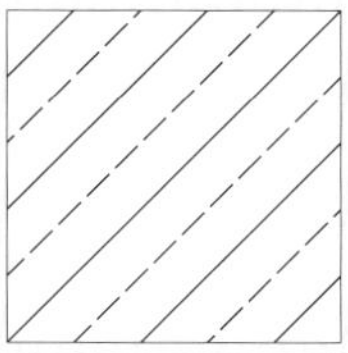	Naturstoffe (SN), Beton, bewehrt	ANSI 33

Tab. 1.5-1: Schraffuren nach DIN ISO 128-50 (Fortsetzung)

Feste Stoffe (S)	Text, Bedeutung, Anwendung, Beispiele	Beispiel (AutoCAD, sofern vorhanden)
	Naturstoffe (SN), Beton, unbewehrt	INSUL
	Naturstoffe (SN), Leichtbeton	ANSI 35
	Naturstoffe (SN), Beton, wasserundurchlässig	

Tab. 1.5-2: Schraffuren nach DIN 1356-1

Feste Stoffe (S)	Text, Bedeutung, Anwendung, Beispiele	Beispiel (AutoCAD, sofern vorhanden)
	Boden	EARTH
	Boden, aufgefüllt	In der aktuellen DIN nicht mehr enthalten (vgl. Ausgabe 1981–1990)!
	Kies	GRAVEL

Tab. 1.5-2: Schraffuren nach DIN 1356-1 (Fortsetzung)

Feste Stoffe (S)	**Text, Bedeutung, Anwendung, Beispiele**	**Beispiel (AutoCAD, sofern vorhanden)**
	Sand	AR-SAND
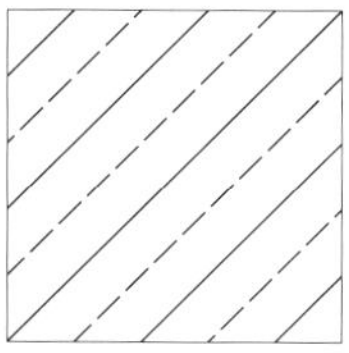	Beton, bewehrt	ANSI 33
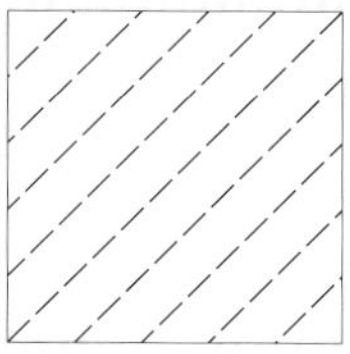	Beton, unbewehrt	DASH
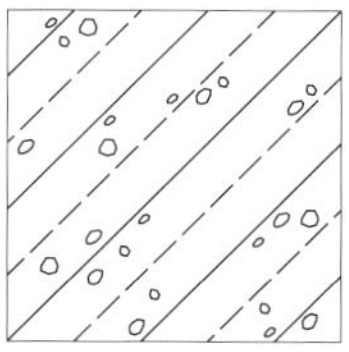	Leichtbeton	
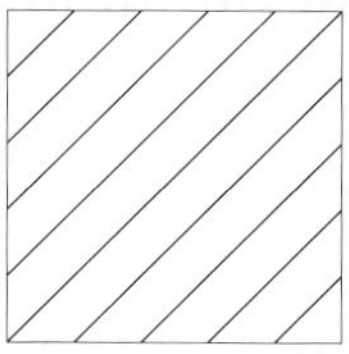	Mauerwerk	ANSI 31
	Mörtel	AR-SAND, DOTS
	Putz	AR-SAND, DOTS
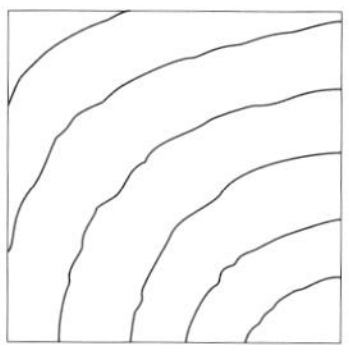	Vollholz, quer zur Faser	
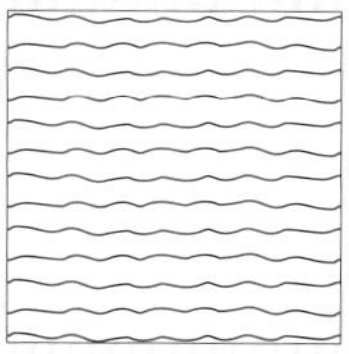	Vollholz, Faserrichtung	

Tab. 1.5-2: Schraffuren nach DIN 1356-1 (Fortsetzung)		
Feste Stoffe (S)	**Text, Bedeutung, Anwendung, Beispiele**	**Beispiel (AutoCAD, sofern vorhanden)**
	Metall	SOLID, ANSI 32, STEEL
	Dämmstoff	Linienart (siehe Kap. 1.3)
	Abdichtung (Bitumen)	Linienart (siehe Kap. 1.3)
	Abdichtung (Kunststoff)	Linienart (siehe Kap. 1.3)
	Dichtstoff Fertigteile (Blockstufem, Winkelstützelemente)	ANSI 37

1.6 Signaturen und Symbole

Generell werden Signaturen gegliedert in:
- Punkt- und Figurensignaturen,
- Liniensignaturen und
- Flächensignaturen.

Weiterhin wird zwischen den Signaturformen differenziert:
- Diskreta – räumlich eindeutig voneinander abgrenzbare Objekte, wie Grünflächen oder Gewässer.
- Kontinua – über eine Karte gleichmäßig verteilte Objekte, wie eine Darstellung der Höhenverhältnisse durch Höhenlinien oder Darstellungen eines Geländes.

Tab. 1.6-1: Signaturen und Symbole für Trinkwasserleitungen

Signatur/Symbole	Text, Bedeutung, Anwendung, Beispiele
	Wasserleitung
	Steuerleitung
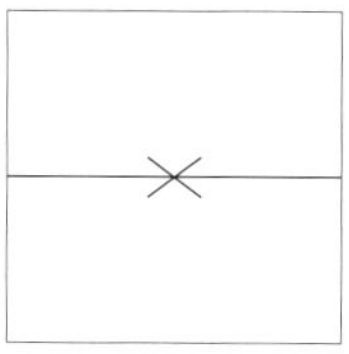	Lagekennzeichnung einer Absperrarmatur
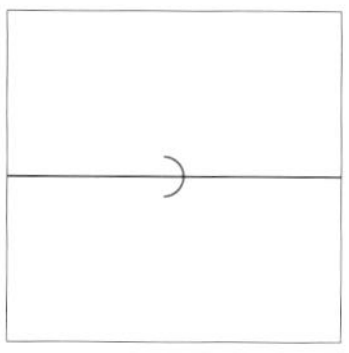	Lösbare Verbindung
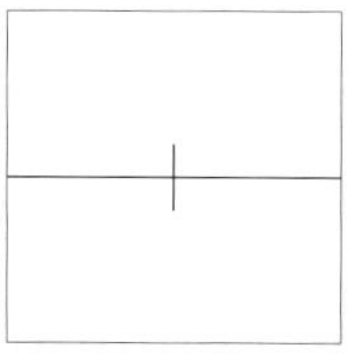	Unlösbare Verbindung
	Flanschverbindung
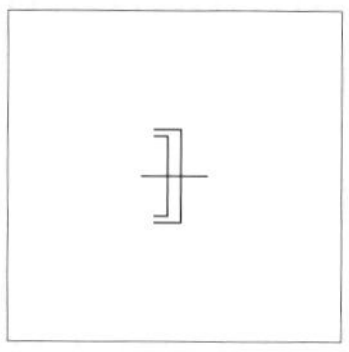	Schraubverbindung
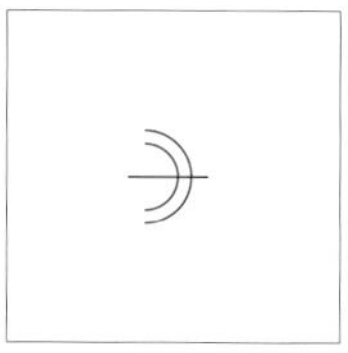	Muffenverbindung

Tab. 1.6-1: Signaturen und Symbole für Trinkwasserleitungen (Fortsetzung)

Signatur/Symbole	Text, Bedeutung, Anwendung, Beispiele
 TW 80	Trinkwasserleitung (kalt)
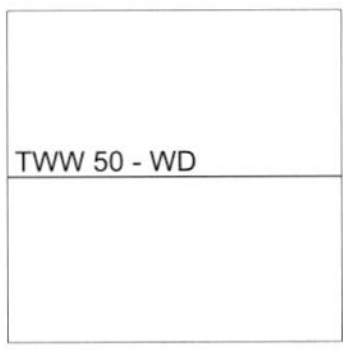 TWW 50 - WD	Trinkwasserleitung (warm, wärmegedämmt)
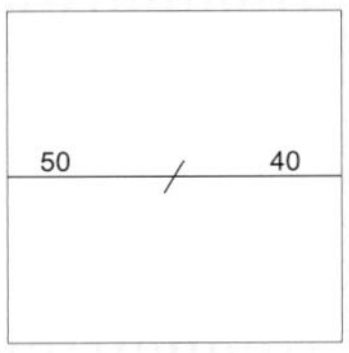 50 / 40	Übergang Nennweite
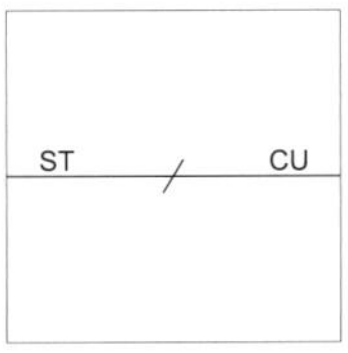 ST / CU	Übergang Werkstoff
	Wand- und Deckendurchführung mit Schutzrohr
	Absperrarmatur
	Absperrschieber
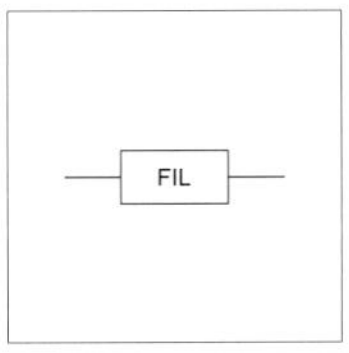 FIL	Filter
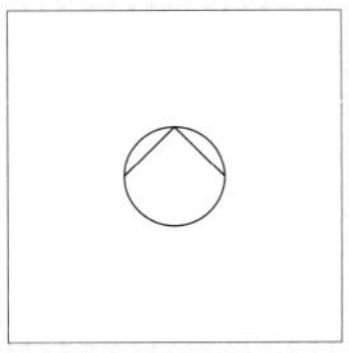	Pumpe

Tab. 1.6-2: Signaturen und Symbole für Entwässerungsanlagen

Signatur/Symbole	Text, Bedeutung, Anwendung, Beispiele
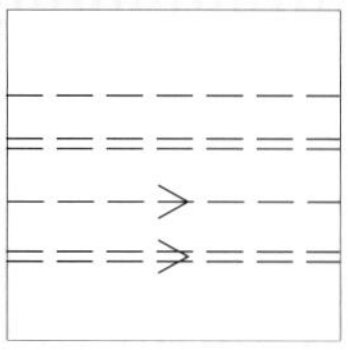	Regenwasser (Freispiegelleitung), als Druckrohrleitung mit Richtungspfeil
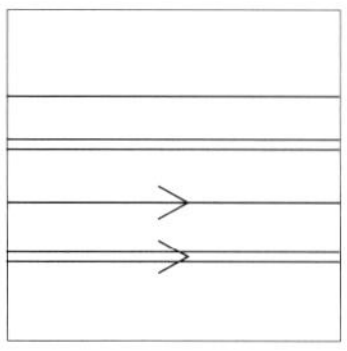	Schmutzwasser (Freispiegelleitung), als Druckrohrleitung mit Richtungspfeil
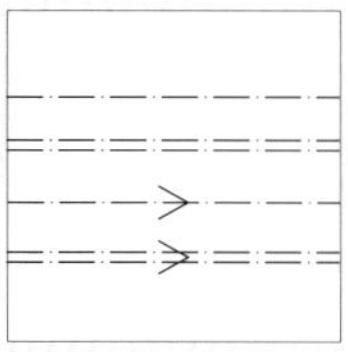	Mischwasser (Freispiegelleitung), als Druckrohrleitung mit Richtungspfeil

Tab. 1.6-3: Signaturen und Symbole für Rohrleitungen

Signatur/Symbole	Text, Bedeutung, Anwendung, Beispiele
	Rohrleitung allgemein
	Rohrleitung geheizt oder gekühlt
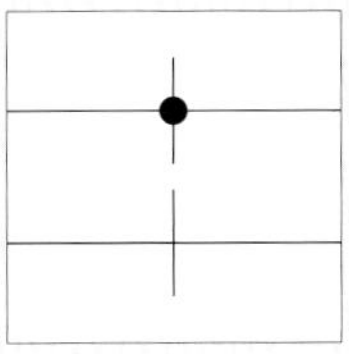	Rohrleitung kreuzend (mit und ohne Verbindung)
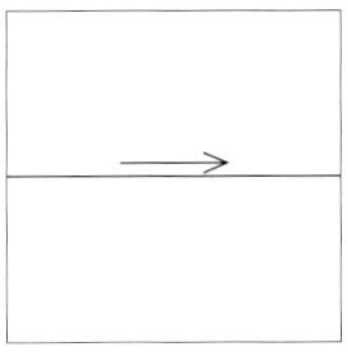	Rohrleitung Durchflussrichtung
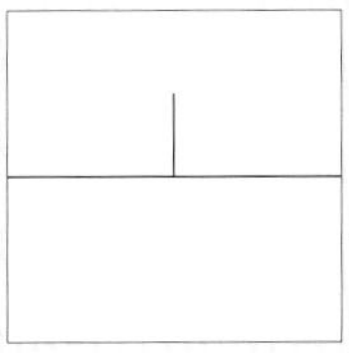	Rohrleitung allgemein/Abzweig
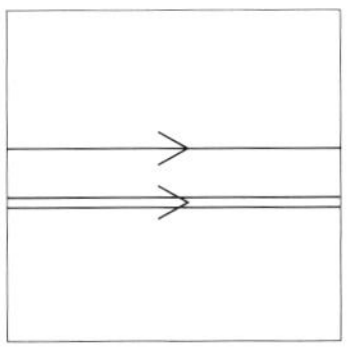	Druckleitung, Schmutzwasser
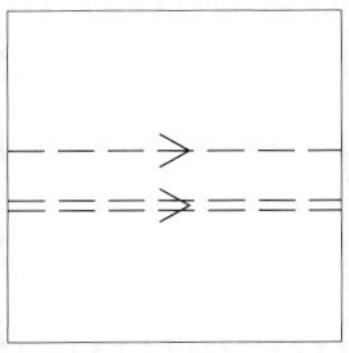	Druckleitung, Regenwasser
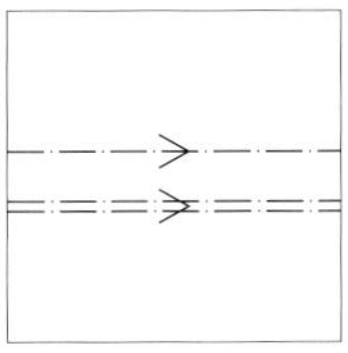	Mischwasserleitung

Tab. 1.6-4: Signaturen und Symbole für Elektroanlagen

Signatur/Symbole	Text, Bedeutung, Anwendung, Beispiele
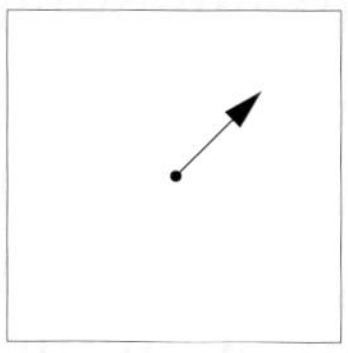	Leitung nach oben führend
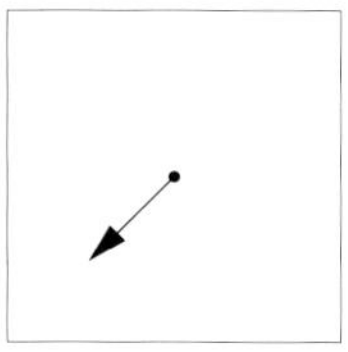	Leitung nach unten führend
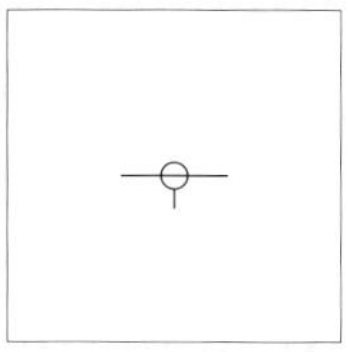	Dose Abzweig
	Anschlussdose, Verbindungsdose
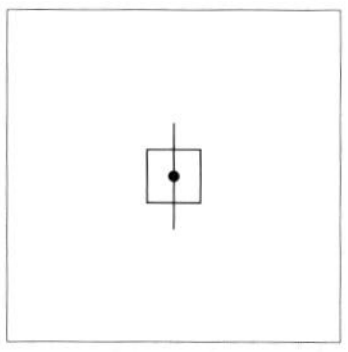	Hausanschlusskasten
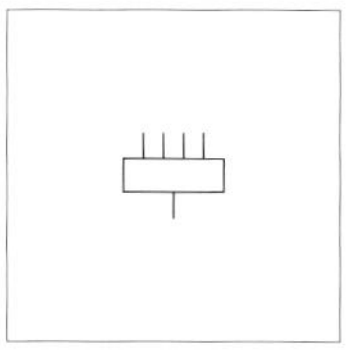	Verteiler mit fünf Anschlüssen
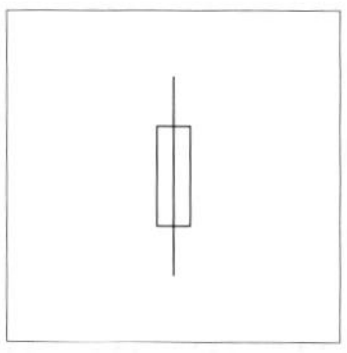	Sicherung allgemein
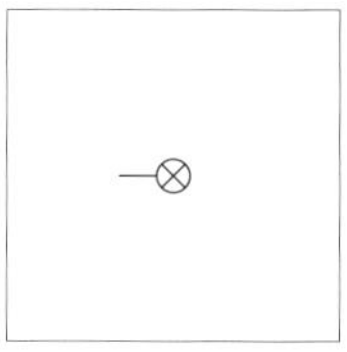	Leuchte/Lampe allgemein
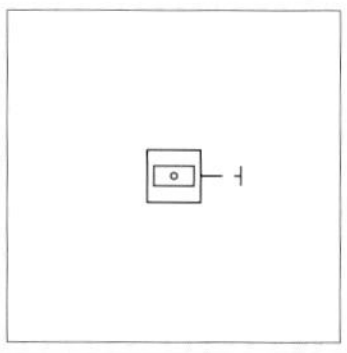	Brandmelder

1.7 Beispiele für Linienbreiten, Schraffuren und Symbole

In den folgenden Beispielen sind die Anwendungen der zuvor beschriebenen Ausführungen dargestellt.

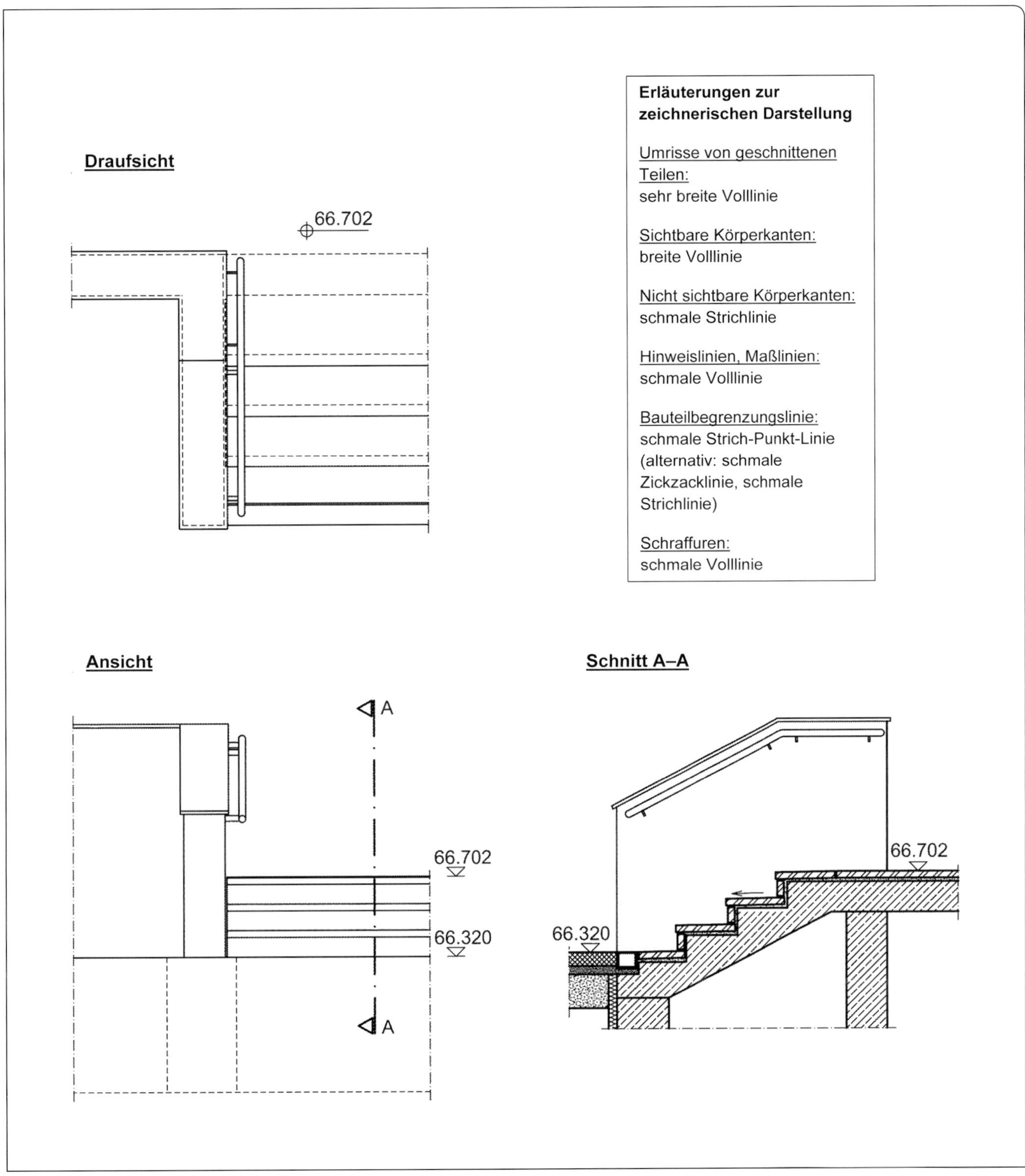

Abb. 1.7-1: Darstellungen einer Treppe. Zur Unterscheidung von Maßangaben der Fläche (zwei Nachkommastellen) können Höhenangaben auch mit drei Nachkommastellen angegeben werden. Dies empfiehlt sich vornehmlich bei Schwarzweißdarstellungen. Für Arbeiten im Außenbereich gilt jedoch: ein Genauigkeitsanspruch kann daraus nicht generiert werden. Das ist gegebenenfalls auch vertraglich eindeutig zu regeln.

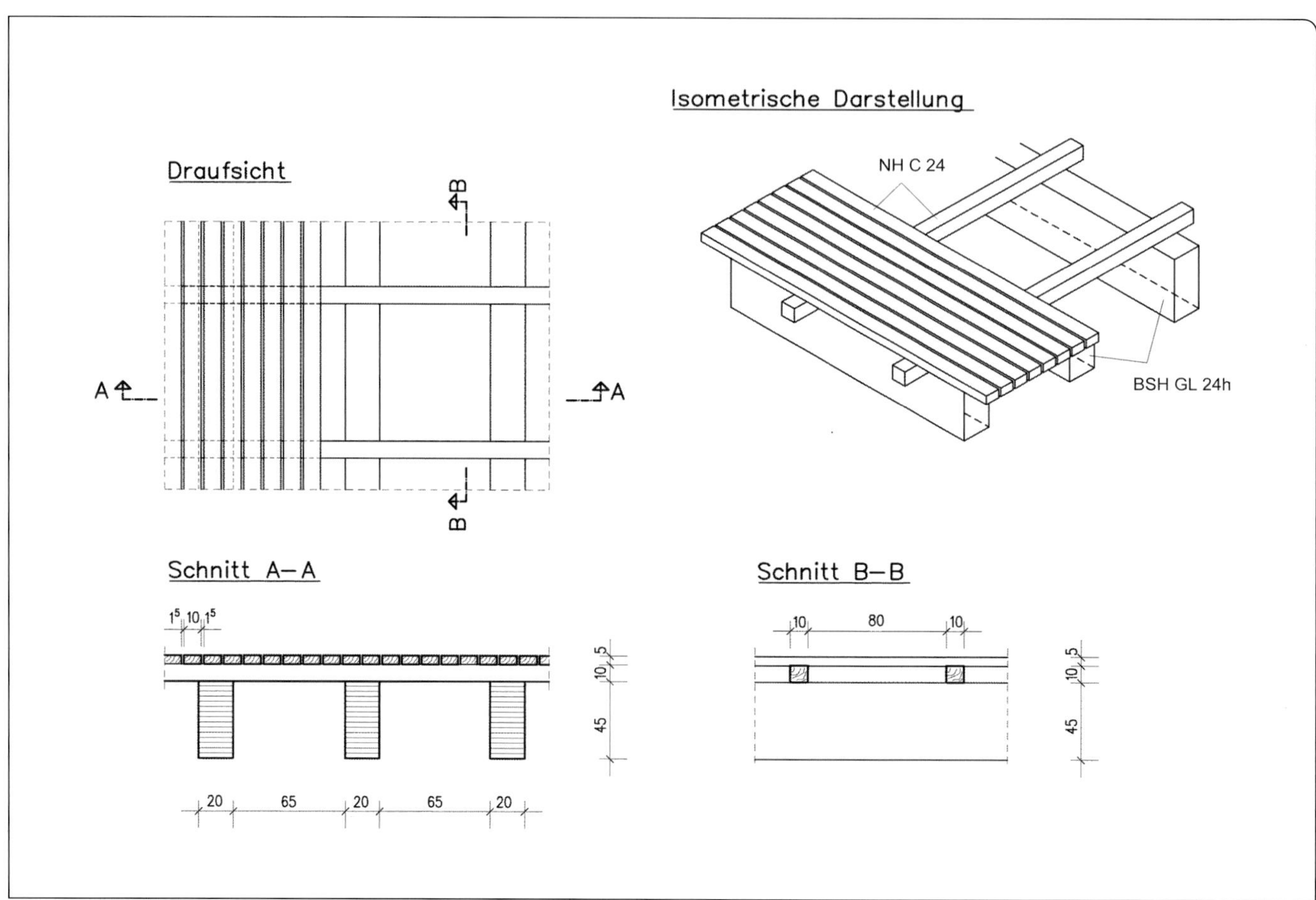

Abb. 1.7-2: Darstellungen zu einer Holzkonstruktion.

2 Projektionsarten für Bauzeichnungen

2.1 Allgemeines

Neben den bekannten und üblichen 2-D-Darstellungen wie Grundrissen, Ansichten und Schnitten sind auch andere Darstellungsarten möglich. Anhand einer Zisterne werden die unterschiedlichen Projektionsarten beschrieben.

Die Abbildung 2.1-1 zeigt im oberen Teil das sichtbare Wasserbecken der Zisterne mit der Geländeanbindung. Das Bauwerk wird größtenteils unterirdisch aus Stahlbeton errichtet (siehe Abb. 2.1-1 unten). Für die technische Ausführung der Bauabwicklung sind diese Darstellungen nicht ausreichend aussagekräftig und damit nicht umsetzbar.

Die Herausforderung beim Bauen von Objekten jeder Art besteht darin, dass gedanklich eine permanente Umwandlung von 3-D nach 2-D und umgekehrt stattfindet. Der Architekt hat einen Entwurf als 3-D-Modell im Kopf. Seine Gedanken kann er natürlich einerseits als reales 3-D-Modell umsetzen, indem real ein Modell im kleine-

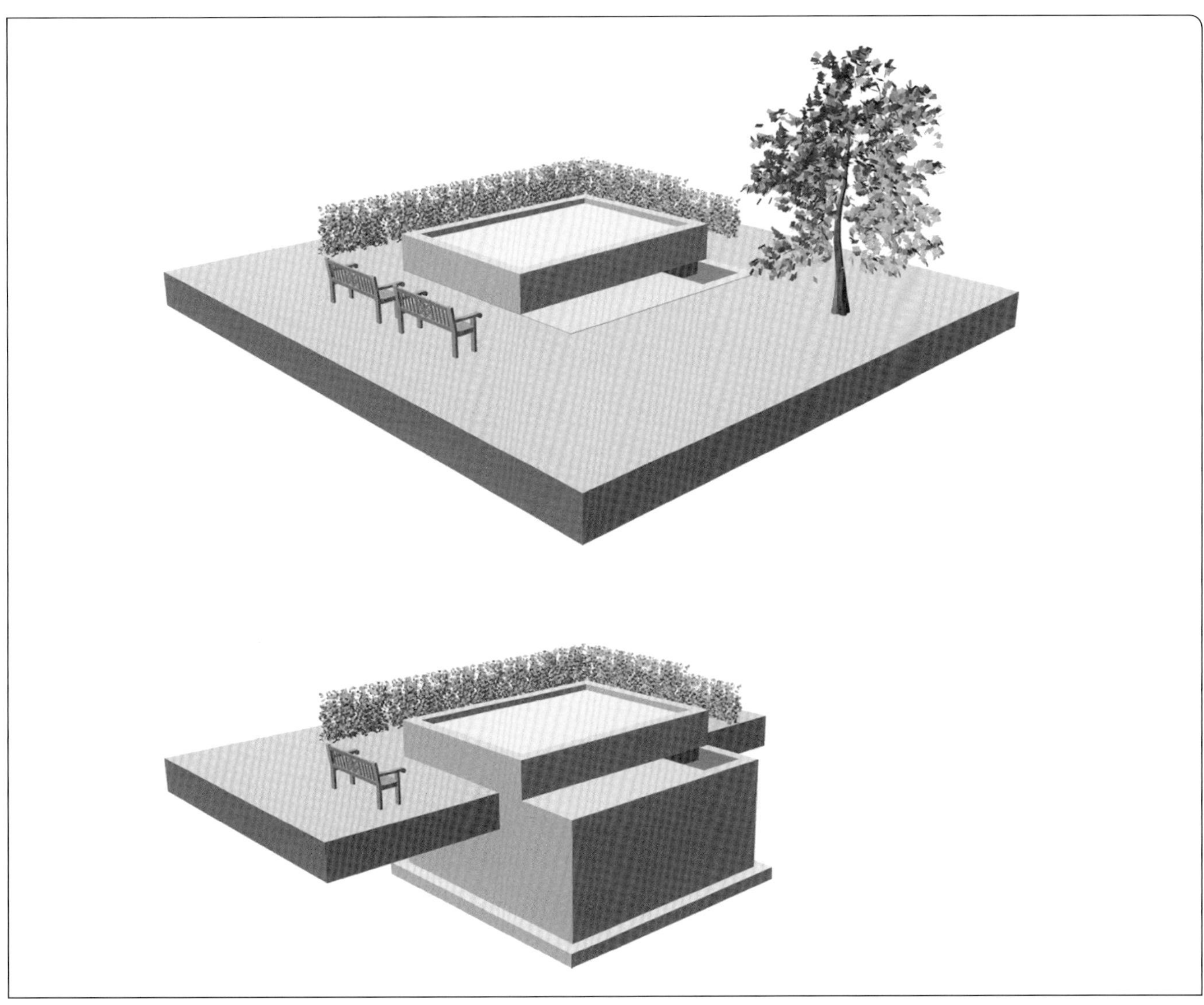

Abb. 2.1-1: 3-D-Darstellung der Zisterne aus der Entwurfsphase.

ren Maßstab gebaut wird; dieser Aufwand wird aus Kosten- und Zeitgründen häufig nicht umgesetzt. Der Regelfall ist die Umsetzung der Idee in 2-D-Darstellungen, in Form von Grundrissen, Ansichten, Draufsichten etc.

Mittels aktueller CAD-Software (**C**omputer-**A**ided-**D**esign) wird heutzutage eine neue Qualität der Darstellung in 3-D-Modellen umgesetzt. Trotzdem wird die Sprache auf der Baustelle noch für lange Zeit das Lesen von Plänen mit 2-D-Darstellungen sein.

Damit dieser gedankliche Transfer ohne Informationsverlust vollzogen werden kann, müssen einheitliche Darstellungsprinzipien angewendet werden.

2.2 Draufsichten und Ansichten

Orthogonale, parallele Lichtstrahlen treffen auf die Zisterne. Auf einer dahinterliegenden Leinwand wird das Abbild in Form von einer Draufsicht und vier Ansichten aufgefangen. Diese Darstellungen sind maßstabsgetreu und zeigen die äußere Hülle des Bauwerks.

In Draufsichten (siehe Abb. 2.2-2) und Ansichten (siehe Abb. 2.2-3) werden alle sichtbaren Körperkanten und Knickkanten mit einer durchgezogenen Volllinie dargestellt. Alle Linien sind gleich breit, es gibt keine schraffierten Flächen. Die unterschiedliche Höhenlage von Flächen, Kanten oder Punkten wird in dieser Darstellungsart nicht deutlich. Dafür bedarf es weiterer Darstellungen. Um ein Bauwerk im menschlichen Gehirn räumlich zweifelsfrei zusammensetzen zu können, werden mindestens drei 2-D-Darstellungen (Draufsicht und zwei verschiedene Ansichten) benötigt.

Nicht sichtbare Körperkanten müssen nicht dargestellt werden. Für das bessere Verständnis kann es aber sehr sinnvoll sein. Sollen nicht sichtbare Körperkanten dargestellt werden, ist hierfür eine gestrichelte Linie gleicher Linienbreite zu wählen. Die Unterschiede zeigt Abbildung 2.2-3. Die Ansichten müssen dem Bauobjekt klar zugeordnet werden können. Sie erhalten deshalb im Bauwesen meist den Zusatz der Himmelrichtung (z. B. Ansicht Süd).

DIN 1356-1: Definitionen für Draufsicht und Ansicht
Die **Draufsicht** eines Bauobjektes ist die maßstäbliche Abbildung auf einer horizontalen Bildtafel in orthogonaler Parallelprojektion. Die Bildtafel wird unterhalb des Darzustellenden gewählt, die Projektionsrichtung ist von oben nach unten.

Die **Ansicht** ist die maßstäbliche Abbildung eines Bauobjektes auf einer vertikalen Bildtafel in orthogonaler Parallelprojektion. Die Bildtafel wird hinter dem Darzustellenden gewählt, die Projektionsrichtung verläuft von vorn (d. h. von der darzustellenden Seite des Objektes) nach hinten.

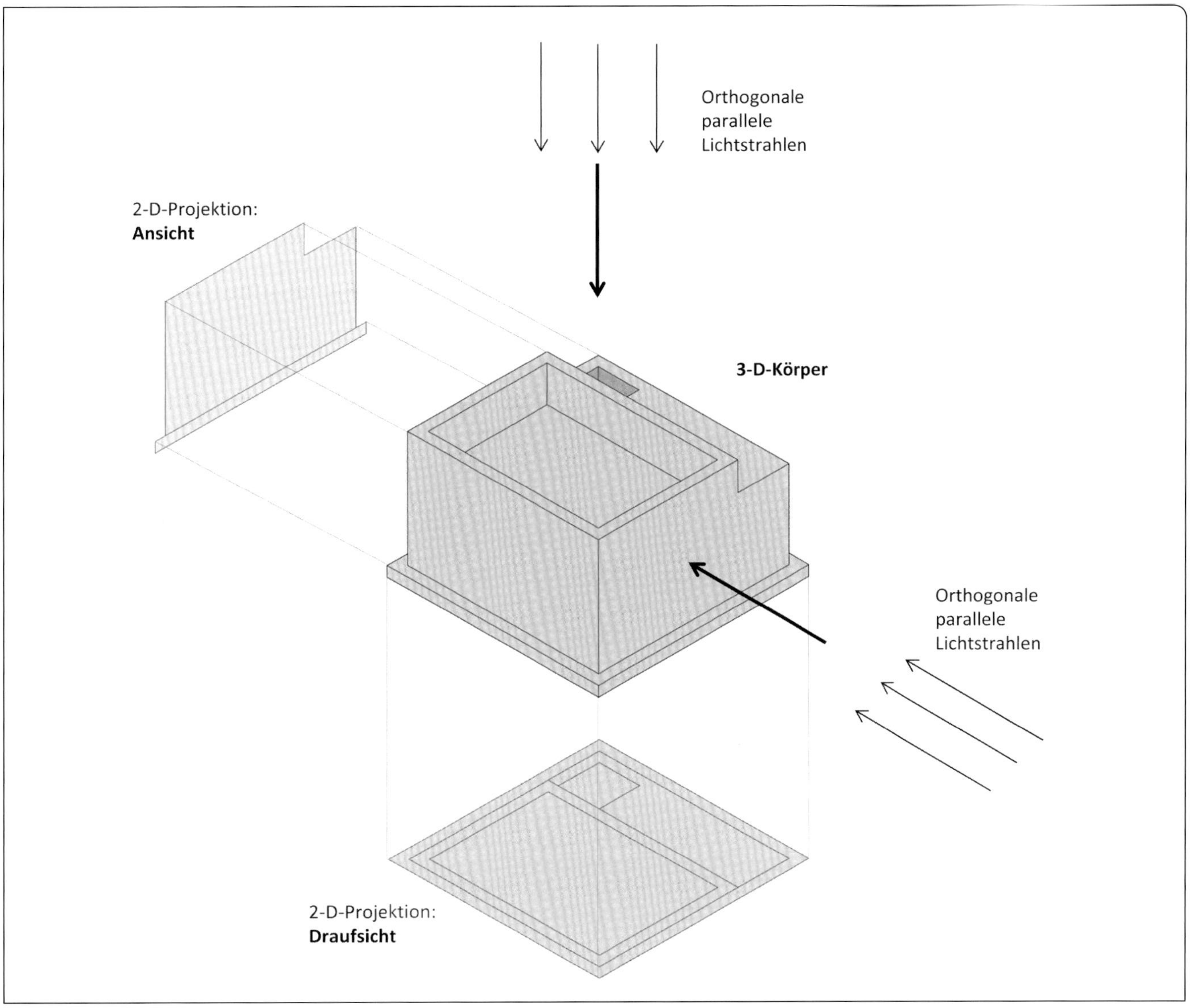

Orthogonale
parallele
Lichtstrahlen

2-D-Projektion:
Ansicht

3-D-Körper

Orthogonale
parallele
Lichtstrahlen

2-D-Projektion:
Draufsicht

Abb. 2.2-1: Projektionsarten – Draufsicht und Ansicht.

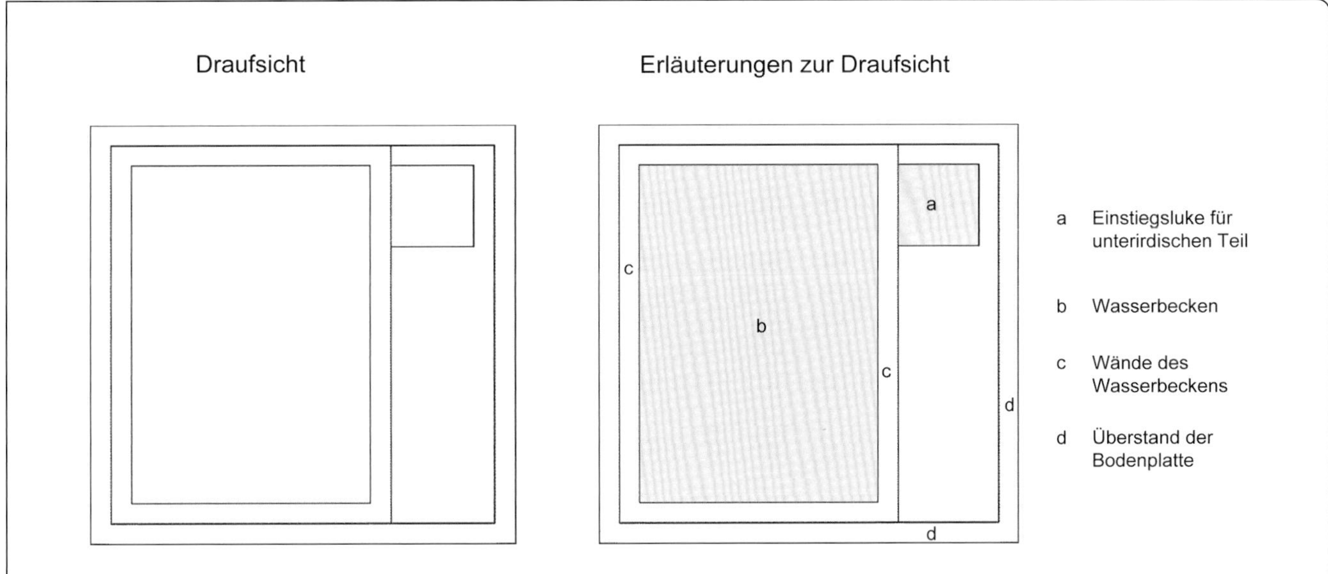

Abb. 2.2-2: Draufsicht der Zisterne. Die unterschiedlichen Höhenlagen zwischen Bodenplatte und Wasserbecken werden dabei nicht deutlich.

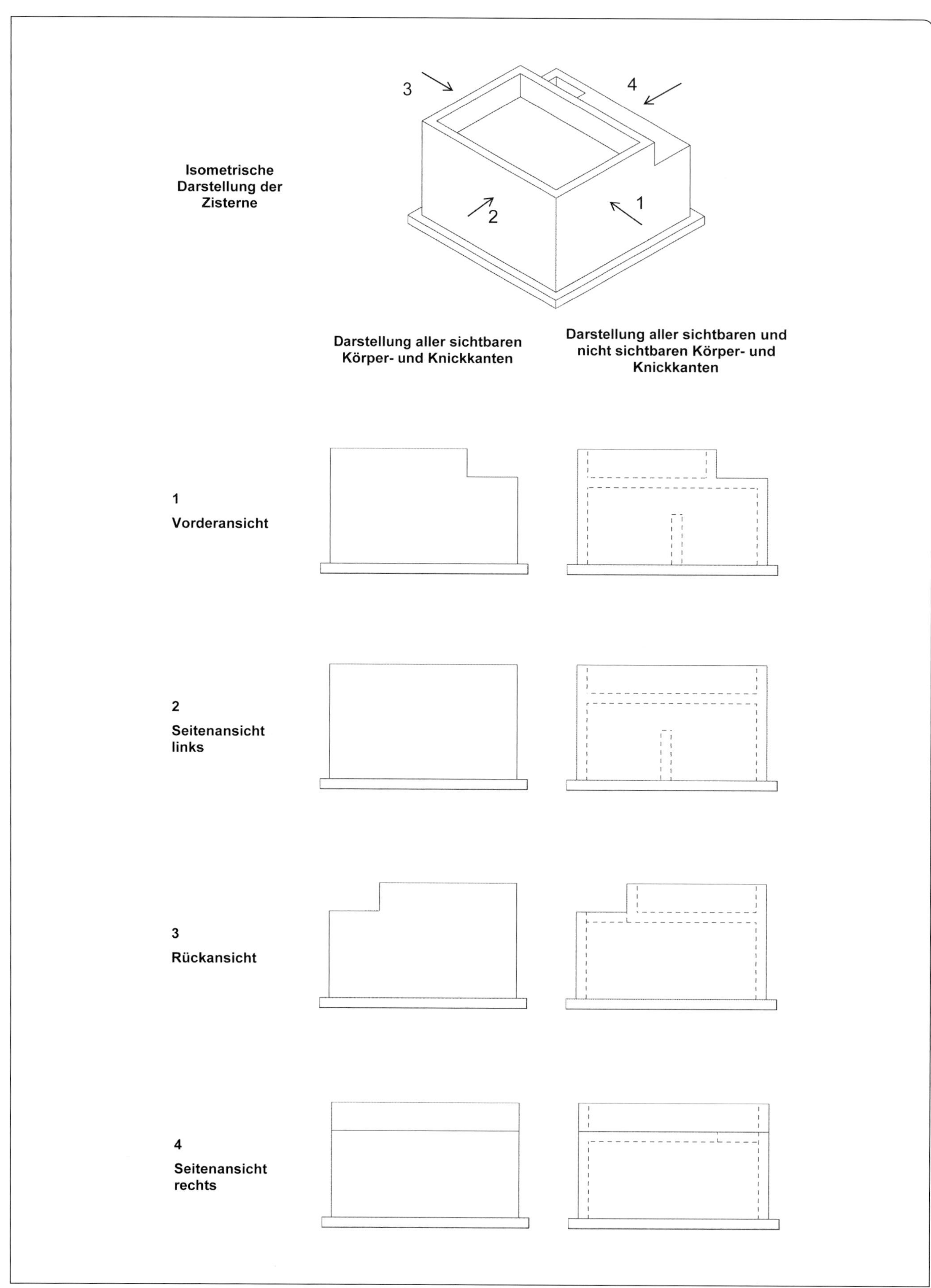

Abb. 2.2-3: Ansichten der Zisterne: Vorderansicht, Rückansicht, linke und rechte Seitenansicht.

2.3 Grundrisse und Horizontalschnitte

Die bisher erläuterten Projektionsarten sind für die bauliche Umsetzung unzureichend. Das „Innenleben" der Konstruktion wurde bisher nicht erfasst. Deshalb müssen die zu erstellenden Bauwerke horizontal geschnitten werden. Ein Horizontalschnitt in 90 cm Höhe ab OK Fußboden wird als Grundriss bezeichnet. Dabei wird generell von oben nach unten geschaut. Alle in der Schnittebene liegenden Bauteile werden mit einer breiteren bis sehr breiten Volllinie und einer Materialschraffur (schmale Linienbreite – siehe Kap. 1.3) ihrer freigelegten Fläche hervorgehoben. Die in Blickrichtung sichtbaren und nicht sichtbaren Körperkanten werden, wie aus der Darstellung einer Draufschicht bekannt, mit einer Volllinie bzw. einer Strichlinie mittlerer Strichstärke dargestellt. Oberhalb der Schnittebene liegende Bauteile dürfen mit einer Punktlinie angedeutet werden (siehe Abb. 2.3-2 bis 2.3-4).

> **DIN 1356-1: Definition Grundriss**
> Ein **Grundriss** (Typ A) ist die Draufsicht auf den unteren Teil eines horizontal geschnittenen Bauobjektes.
> In der Tragwerksplanung wird eine gespiegelte Untersicht eines horizontal geschnittenen Bauobjektes dargestellt.
> Die DIN 1356-1 bezeichnet dies als Grundriss (Typ B).

Zusätzlich zum klassischen Grundriss können weitere Horizontalschnitte für das Verständnis der Baumaßnahme relevant sein. Jeder Horizontalschnitt ist eindeutig durch die Angabe der Höhenlage zu definieren. In Ansichten oder Vertikalschnitten ist die Lage durch eine Schnittlinie (siehe Kap. 1.3) anzugeben.

Eine Ausnahme zu der bisher erläuterten klassischen Art der Grundrissdarstellung (vgl. Typ A, DIN 1356-1) stellt die Darstellungsweise in der Tragwerksplanung (Schalpläne) dar. Dort wird in der Regel die Grundrissart Typ B (siehe Definition im Kasten) verwendet. Dabei handelt es sich um eine gespiegelte Untersicht. Die Art der Darstellung ist eng mit dem Herstellungsprozess verbunden. Es wird der Blick in die Schalung dargestellt. Für Aussparungen oder Schlitze, die an der Unterseite der Decke sichtbar sind, müssen Aussparungskörper direkt auf der Schalung platziert werden. Sie sind in Schalplänen somit sichtbare Körperkanten und werden mit einer Volllinie dargestellt. Deckenversprünge an der Oberseite sind nicht sichtbare Körperkanten und damit gestrichelt.

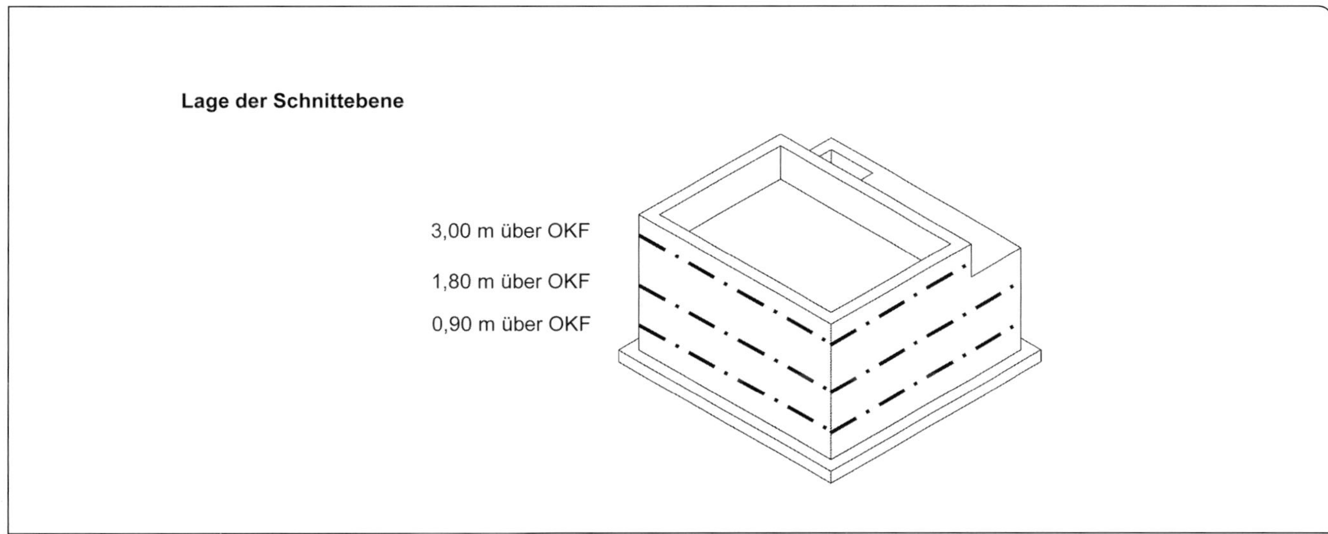

Abb. 2.3-1: Lage der horizontalen Schnittebenen. Die Ebene 0,90 m über OKF wird als Grundrissebene bezeichnet.

Schnittebene

0,90 m über OKF

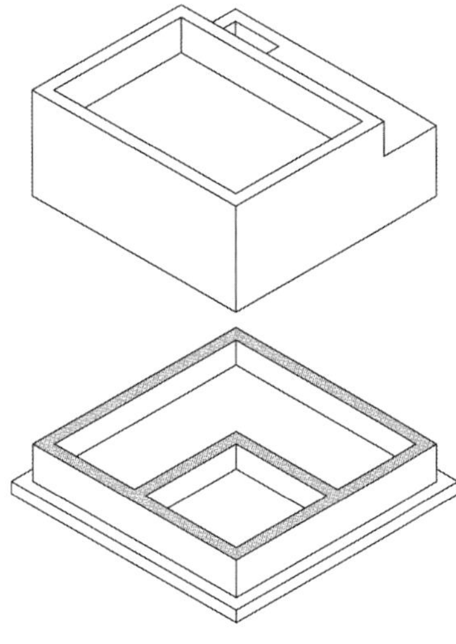

Grundrissdarstellung

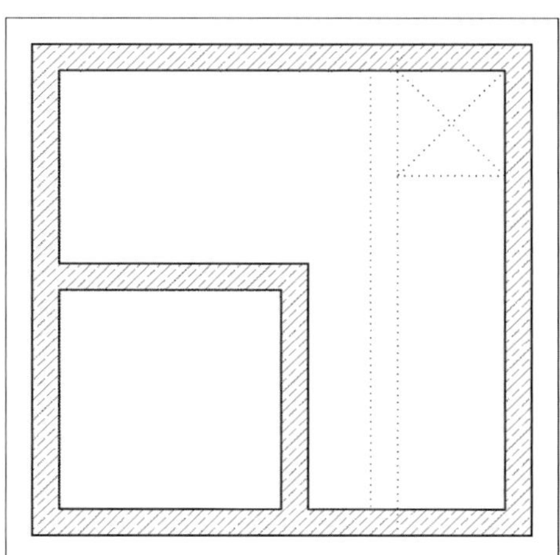

Erläuterungen zur Darstellung

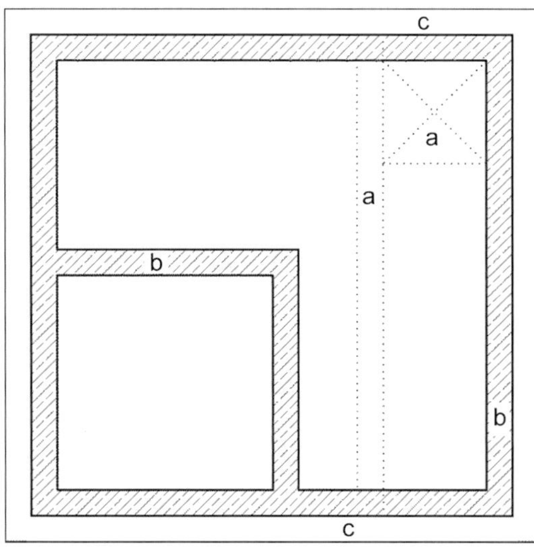

a **Einstiegsluke und Wand des Wasserbeckens:** vor der Schnittebene, nicht in Blickrichtung liegend, Punktlinie

b **Geschnittene Wandfläche:** sehr breite Volllinie, Schraffur

c **Fundamentüberstand:** sichtbare Körperkante, mittlere Volllinie

Die geschnittenen Körperkanten werden mit einer breiteren bis sehr breiten Volllinie gezeichnet und die Schnittfläche wird mit der Materialschraffur (Stahlbeton) dezent schraffiert.

Der Überstand der Fundamentplatte ist sichtbar, liegt aber hinter der Schnittebene, sodass diese sichtbare Körperkante mit einer mittleren Volllinie gezeichnet wird. Der Überstand wird nicht schraffiert.

Die Wand des Wasserbeckens und die Einstiegsluke liegen oberhalb der Schnittebene. Sofern diese Bauteile dargestellt werden sollen, sind sie nach DIN 1356-1 (DIN ISO 128-23) mit einer Punktlinie darzustellen.

Abb. 2.3-2: Grundriss der Zisterne.

Schnittebene

1,80 m über OKF

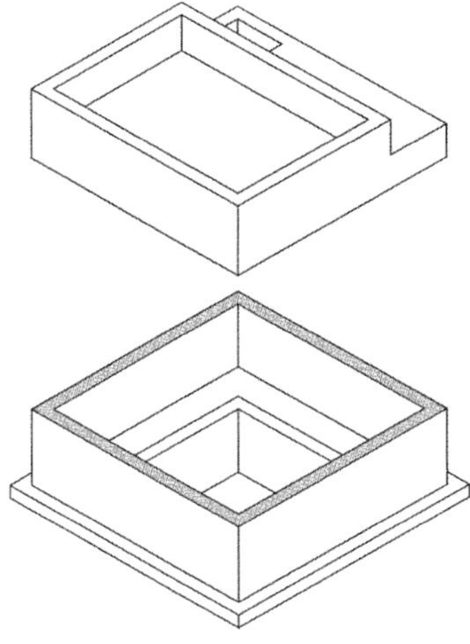

Zeichnerische Darstellung

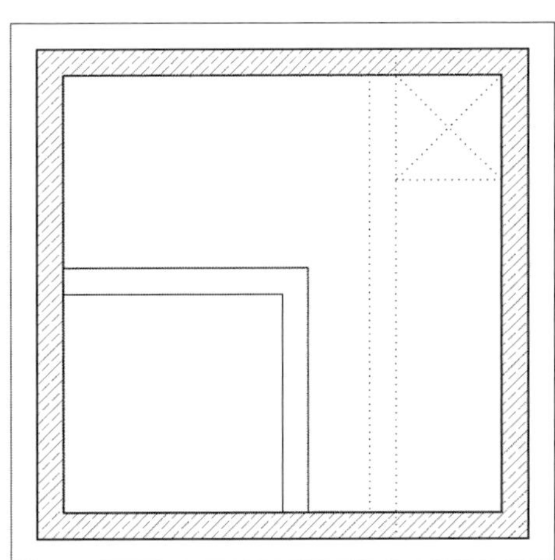

Erläuterungen zur Darstellung

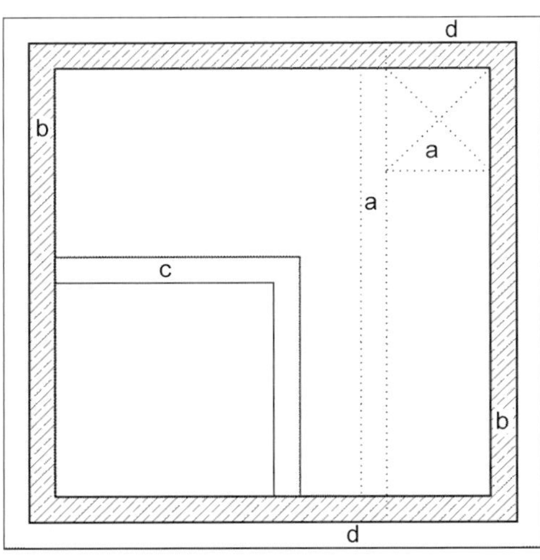

a **Einstiegsluke und Wand des Wasserbeckens:**
vor der Schnittebene, nicht in Blickrichtung liegend, Punktlinie

b **Geschnittene Wandfläche:**
sehr breite Volllinie, Schraffur

c **Innenwände:**
sichtbare Körperkante, mittlere Volllinie

d **Fundamentüberstand:**
sichtbare Körperkante, mittlere Volllinie

Die geschnittenen Körperkanten werden mit einer breiteren bis sehr breiten Volllinie gezeichnet und die Schnittfläche wird mit der Materialschraffur (Stahlbeton) dezent schraffiert.

Der Überstand der Fundamentplatte ist sichtbar, liegt aber hinter der Schnittebene, sodass diese sichtbare Körperkante mit einer mittleren Volllinie gezeichnet wird. Der Überstand wird nicht schraffiert.

Die Innenwände werden mit einer Höhe von 1,50 m erstellt. Sie enden vor der Schnittebene. Sie werden analog zur Fundamentkante als sichtbare Körperkanten dargestellt und nicht schraffiert.

Die Wand des Wasserbeckens und die Einstiegsluke liegen oberhalb der Schnittebene. Sofern diese Bauteile dargestellt werden sollen, sind sie nach DIN 1356-1 (DIN ISO 128-23) mit einer Punktlinie darzustellen.

Abb. 2.3-3: Horizontalschnitt der Zisterne (1,80 m über OKF).

Schnittebene

3,00 m über OKF

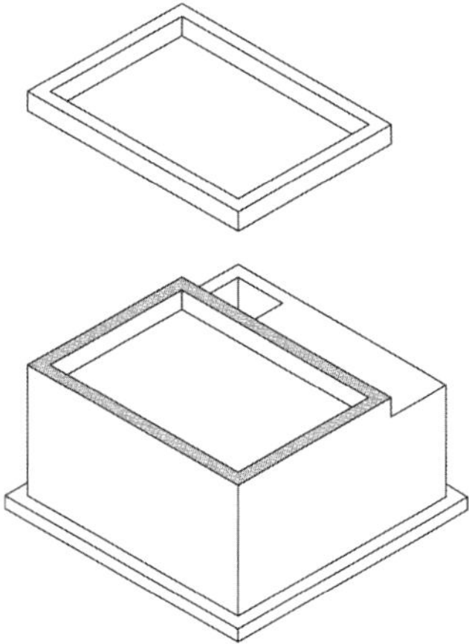

Zeichnerische Darstellung

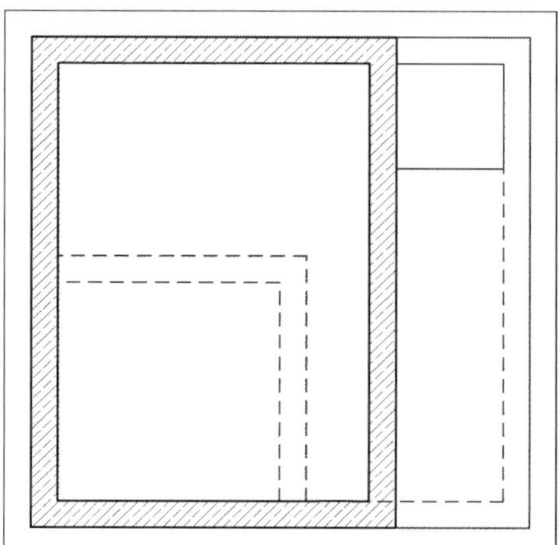

Erläuterungen zur Darstellung

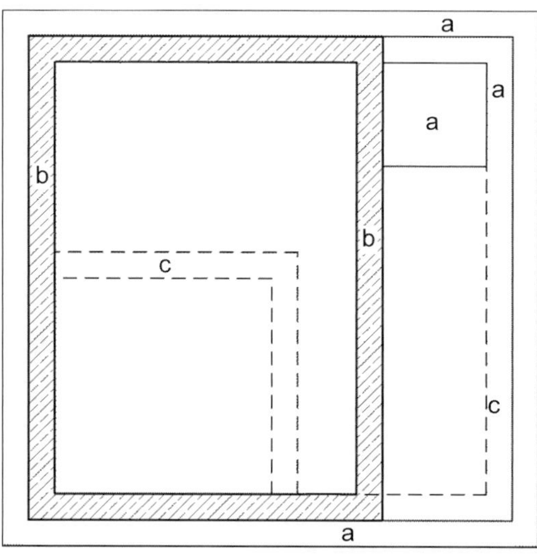

a **Einstiegsluke, Fundamentüberstand und Außenwand:** sichtbare Körperkante, mittlere Volllinie

b **Geschnittene Wandfläche:** sehr breite Volllinie, Schraffur

c **Innenwände:** verdeckt durch die Decke, nicht sichtbare Körperkante, Strichlinie

Die geschnittenen Körperkanten werden mit einer breiteren bis sehr breiten Volllinie gezeichnet und die Schnittfläche wird mit der Materialschraffur (Stahlbeton) dezent schraffiert.

Der Überstand der Fundamentplatte, die Einstiegsluke und der Versatz in den Außenwänden sind sichtbar. Sie liegen aber hinter der Schnittebene, sodass diese sichtbaren Körperkanten mit einer mittleren Volllinie gezeichnet werden. Diese Bereiche werden nicht schraffiert.

Die Innenwände sind durch die vorhandene Stahlbetondecke verdeckt und somit nicht sichtbar. Ihre Lage muss nicht angedeutet werden. Wird dies gewünscht, sind die Innenwände und die Innenseite der Außenwände als nicht sichtbare Körperkanten – gestrichelt – darzustellen.

Abb. 2.3-4: Horizontalschnitt der Zisterne (3,00 m über OKF).

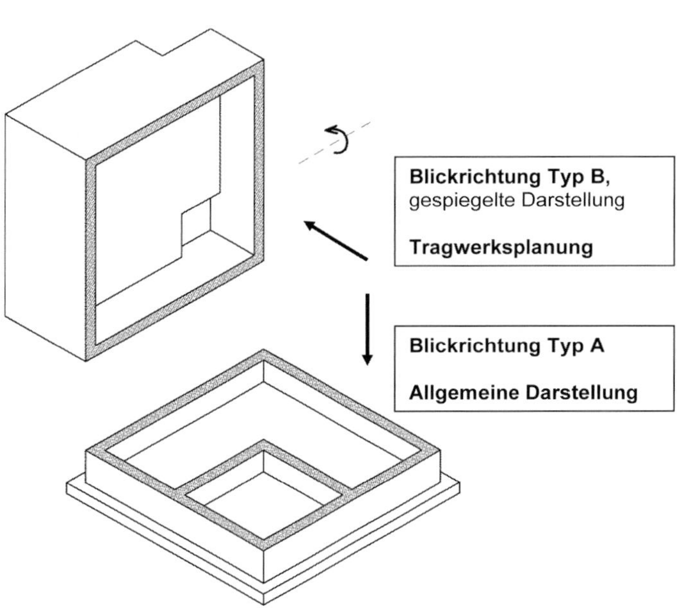

Grundriss Typ B

Gespiegelte Darstellung des Blickes von unten nach oben

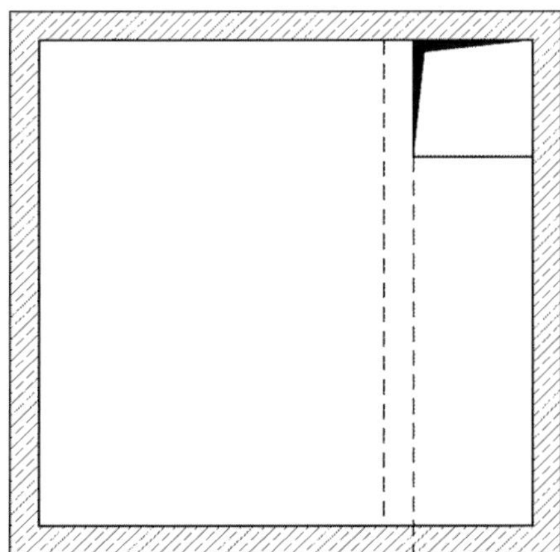

- Blick in die Schalung der Decke, Aussparung für Luke muss auf der Schalung befestigt werden (Darstellung mit Volllinie),
- darunterliegende tragende Wände werden geschnitten dargestellt (Auflager Deckenplatte),
- Trennwände sind nicht raumhoch, keine Verbindung zur Decke, keine Darstellung,
- Wände des Wasserbeckens liegen oberhalb der Decke (Strichlinie).

Grundriss Typ A

Blickrichtung von oben nach unten

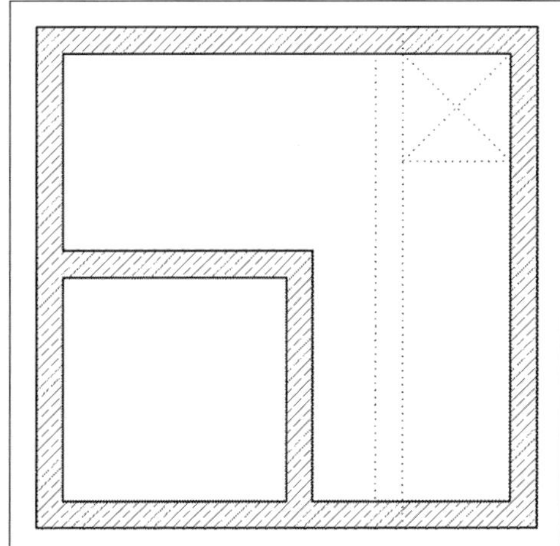

- Blick auf die Fundamentplatte,
- Darstellung der geschnittenen Wände,
- Wasserbecken und Luke liegen nicht in Blickrichtung (Punktlinie).

Abb. 2.3-5: Grundrissdarstellung nach DIN 1356-1, Typ A und Typ B.

2.4 Schnitte und Schnittansichten

Zur eindeutigen Beschreibung des Bauobjektes benötigt die Baustelle auch Höhenangaben zu dem geplanten Bauwerk. Dafür werden Vertikalschnitte erstellt. Im Allgemeinen spricht man hier nur von Schnitten. Die DIN ISO 128-40 differenziert noch weitergehend in Schnitt und Schnittansicht. Beide Begriffe werden in der Praxis gleichwertig verwendet. Für die zeichnerische Umsetzung gelten die gleichen Kriterien wie für Grundrisse und Horizontalschnitte. Die Lage der Vertikalschnitte ist im Grundriss durch Schnittlinien (Strichpunktlinie mit Angabe der Blickrichtung) zu markieren (siehe Abb. 2.4-1 und 2.4-2).

DIN 1356-1: Definition Schnitt
Ein **Schnitt** ist die Ansicht eines vertikal geschnittenen Bauobjektes auf einer vertikalen Bildtafel in orthogonaler Parallelprojektion. Die Bildtafel wird hinter dem Darzustellenden gewählt, die Projektionsrichtung verläuft von vorn (d. h. von der darzustellenden Seite des Objektes) nach hinten.

DIN ISO 128-40: Definitionen Schnitt und Schnittansicht
Ein **Schnitt** ist die Darstellung, die nur die Umrisse eines Gegenstandes in einer oder mehreren Schnittebenen zeigt. Eine **Schnittansicht** ist ein Schnitt, der zusätzlich die Umrisse hinter der Schnittebene zeigt.

In der Praxis werden beide Begriffe gleichberechtigt verwendet. Es macht meist keinen Sinn, nur Dinge in einer Schnittebene darzustellen. Es ist immer wichtig, eine Anbindung zu dahinterliegenden Bauteilen herzustellen, um die 2-D-Darstellung besser erfassen zu können.

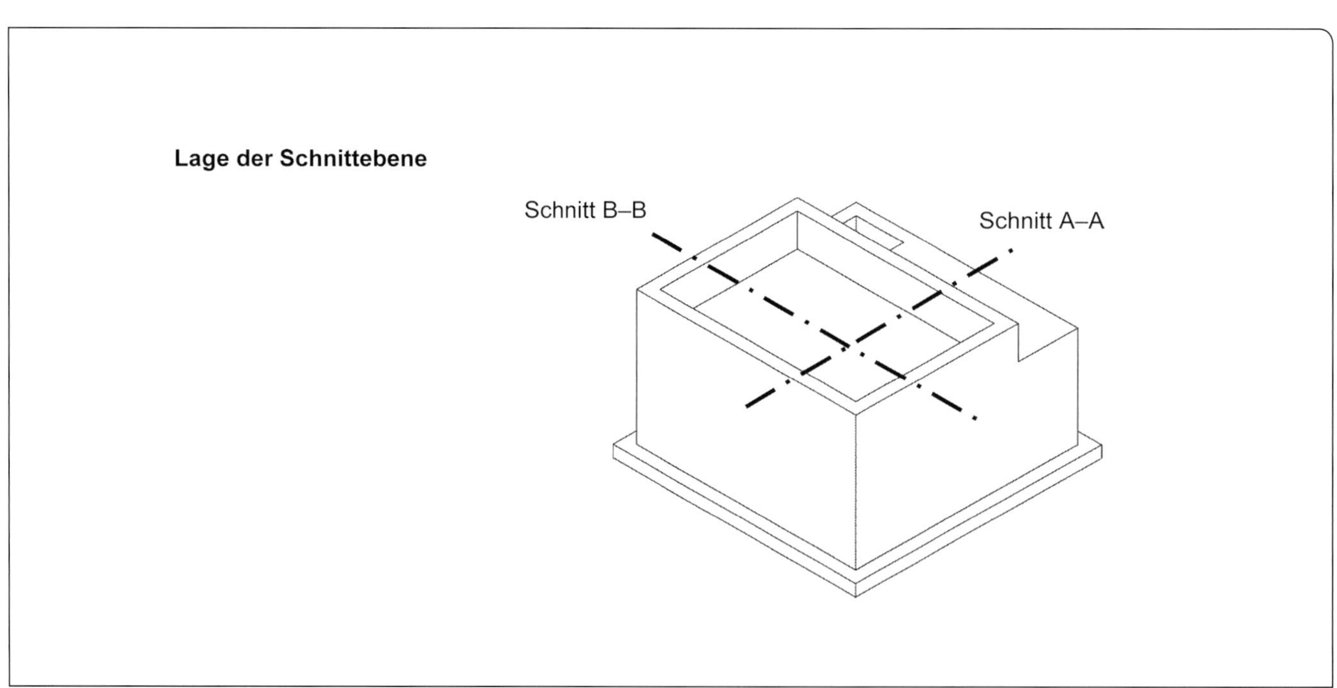

Abb. 2.4-1: Lage der vertikalen Schnittebenen.

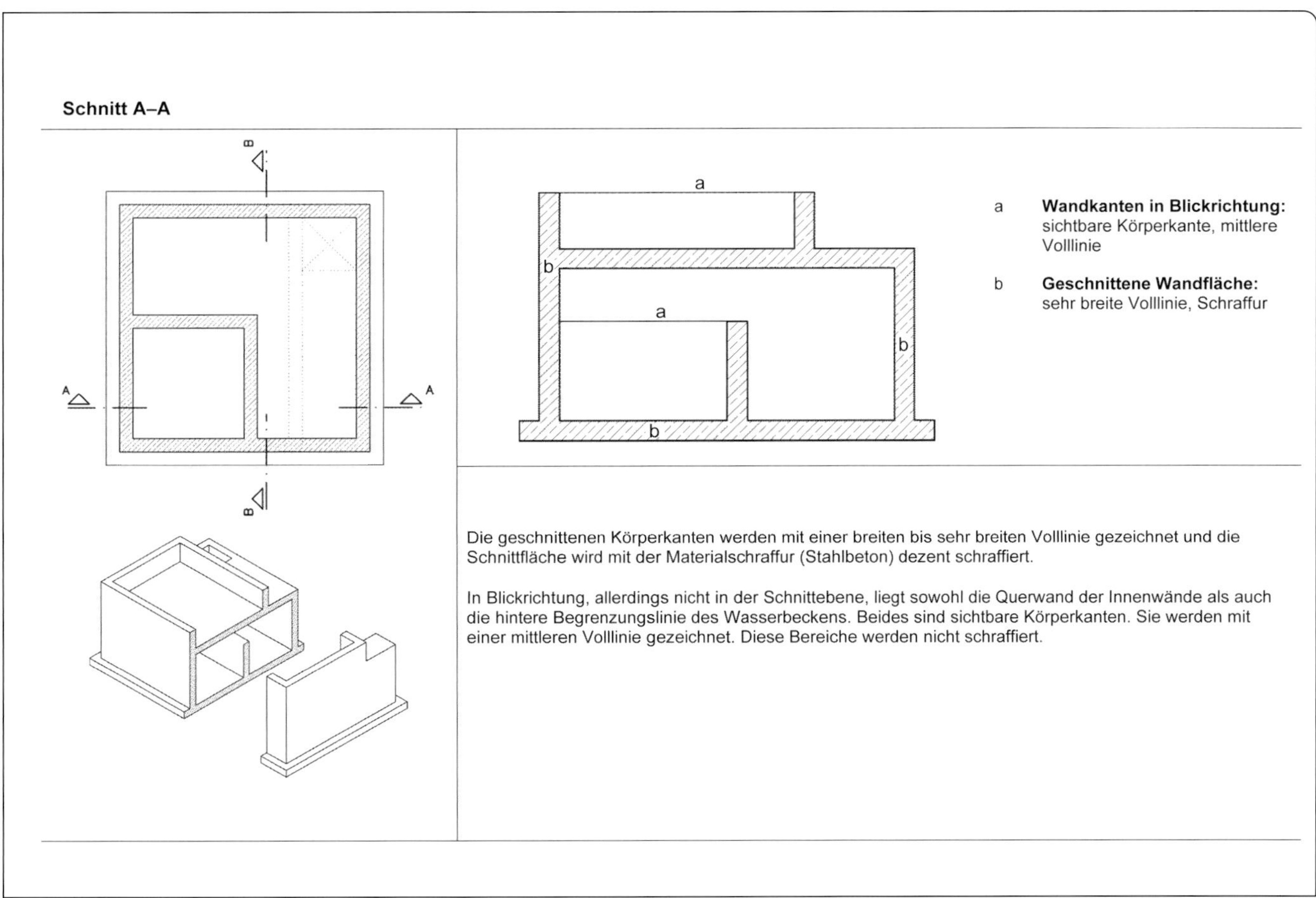

Abb. 2.4-2: Schnitte A–A der Zisterne.

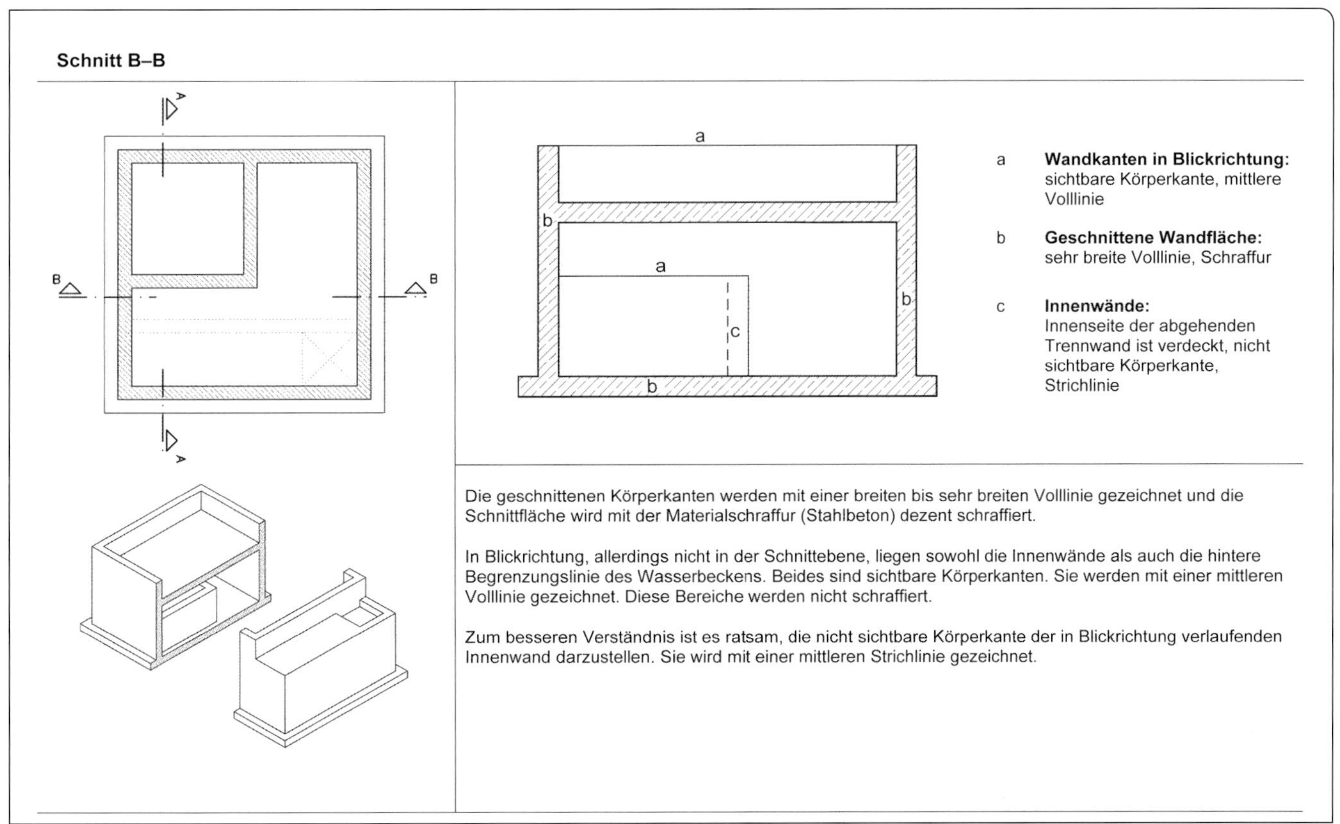

Abb. 2.4-3: Schnitte B–B der Zisterne.

2.5 Räumliche Darstellungen

Räumliche Darstellungen von Bauwerken sind in der Ausführungsplanung eher seltener zu finden, weil die Bauteilabmessungen nicht unbedingt als wahre Längen aus den Zeichnungen abgegriffen werden können. Häufig werden Körperkanten, die nach hinten verlaufen, in einem Maßstab von 1 : 2 verkürzt gezeichnet.

Die DIN ISO 5456-3 normt die Verfahren zur räumlichen Darstellung (Axonometrie).
Sie unterscheidet:

- die isometrische Projektion (rechtwinklige Axonometrie),
- die dimetrische Projektion,
- die schiefwinklige Axonometrie:
  - Kavalierprojektion,
  - Kabinettprojektion,
  - planometrische Projektion.

Diese verschiedenen Methoden unterscheiden sich in dem Winkel, in dem die nach hinten laufenden Bauteilkanten stehen und im Maßstab, in dem sie gezeichnet werden (siehe Abb. 2.5.1).

Sollten räumliche Darstellungen in der technischen Planung gefordert werden, wird am häufigsten die Isometrie angewendet.

2.6 Dreidimensionales Skizzieren

Das spontane dreidimensionale Skizzieren ist von besonderer Bedeutung:

- zur schnellen Erfassung und Bewertung von Lösungen, insbesondere für die schnelle Erklärung auf der Baustelle,
- als Kommunikationsmittel im Entwicklungsteam,
- als Vorlage für die Detailmodellierung mit CAD.

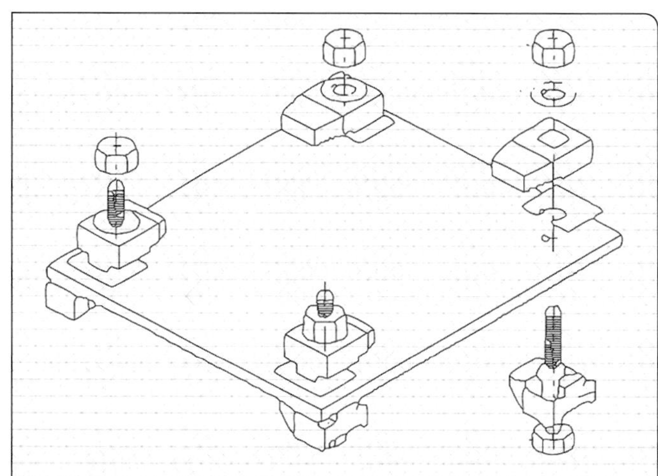

Abb. 2.6-1: „Unterstützung“ durch di- bzw. isometrische Liniennetze (wie „Millimeterpapier“, Kopiervorlage siehe im Anhang Seite 87).

Isometrische Projektion	Dimetrische Projektion	Kavalier-Projektion	Kabinett-Projektion	Planometrische Projektion
• Darstellung zeigt Bauwerk als Ganzes (vergrößerte Darstellung – Faktor: 1,225), • Bauteilkanten: 30°-/30°-Winkel zur Horizontalen, • keine Bauteilkante wird verkürzt gezeichnet, • wahre Längen können abgegriffen werden, • geeignet für technische Zeichnungen.	• Darstellung hebt eine Bauteilseite hervor, • Bauteilkanten: 7°-/42°-Winkel zur Horizontalen, • 7°-Seite: betonte Bauteilseite mit Darstellung der wahren Längen, • 42°-Seite: verkürzte Darstellung der Längen im Seitenverhältnis von 1 : 2 (50 % der Realität).	• Darstellung zeigt Bauwerk als Ganzes (verzerrte Darstellung), • Bauteilkanten: 0°-/45°-Winkel zur Horizontalen, • keine Bauteilkante wird verkürzt gezeichnet, • wahre Längen können abgegriffen werden.	• Darstellung zeigt Bauwerk als Ganzes (bessere Proportionen als Kavalier-Projektion), • Bauteilkanten: 0°-/45°-Winkel zur Horizontalen, • 0°-Seite: Darstellung der wahren Längen, • 45°-Seite: verkürzte Darstellung der Längen im Seitenverhältnis von 1 : 2 (50 % der Realität).	• Darstellung zeigt Bauwerk als Ganzes, • Bauteilkanten: 45°-/45°-Winkel zur Horizontalen, • das Seitenverhältnis – 1 : 1, • geeignet für Stadtplanung.
1 1 1 30° 30°	1 1 1:2 7° 42°	1 1 1 0° 45°	1 1 1:2 0° 45°	1 1 1 45° 45°

Abb. 2.5-1: Räumliche Darstellungen (Projektionsarten).

3 Arten und Inhalte von Bauzeichnungen für die Objektplanung

Ausgehend von unmaßstäblichen Vorentwurfs- und Entwurfsskizzen oder maßstäblichen Zeichnungen, die im Regelfall ohne konkrete Vorgaben nach spezifischen Zeichnungsnormen erstellt werden, sind alle weiteren Planungsaufgaben mit mehr oder weniger konkreten Vorgaben hinsichtlich der Zeichnungsqualität und -quantität und der Darstellung zu erstellen.

In den Zeichennormen der DIN 1356, in den Teilen 1 und 6, wie auch in der DIN ISO 128, in den Teilen 1 bis 50, sind Arten und Inhalte von Bauzeichnungen für die Objekt- und Tragwerksplanung sowie Grundregeln für die Darstellung in Bauzeichnungen festgelegt. Bauzeichnungen im Sinne dieser Normen werden als „Zeichnungen für die Objektplanung und die Tragwerksplanung für Entwurf, Genehmigung, Ausführung und Aufnahme von baulichen Anlagen" definiert.

Sie gelten für Bauzeichnungen, die manuell und computergestützt hergestellt werden.

Grundlage aller bauzeichnerischen Darstellungen sind die vereinbarten Vertragsleistungen, die sich häufig an den Formulierungen aus der Honorarordnung für Architekten und Ingenieure (HOAI) orientieren (HOAI, 2013). So sind nach HOAI § 2 (1) Objekte nicht nur im klassischen Sinne Gebäude oder Tragwerke, sondern auch Freianlagen und Verkehrsanlagen, die in einem Realisierungsprozess die erforderlichen zeichnerischen Darstellungen benötigen.

Während des Planungsprozesses durchlaufen die Bauzeichnungen sichtbare Veränderungen. Anfänglich (Vorentwurfs- und Entwurfsphase) wird durch eine farbliche Gestaltung die Kommunikation zwischen Architekt und Bauherrn unterstützt. Im fortschreitenden Planungsprozess nehmen der Detailierungsgrad des Bauwerkes und die inhaltliche Tiefe der Darstellung zu. Die zeichnerische Umsetzung wechselt zu einer Schwarz-Weiß-Darstellung mit allgemeingültiger Symbolik (siehe Abb. 3-1).

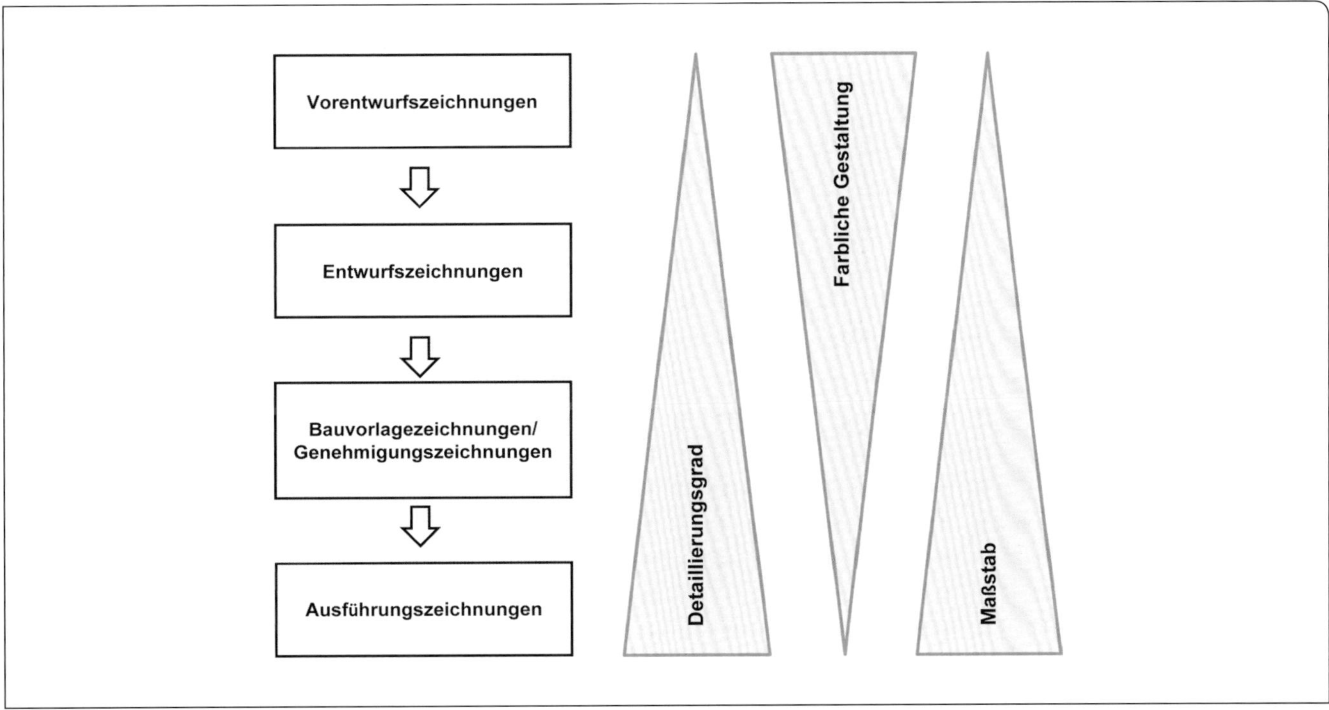

Abb. 3-1: Abfolge des chronologischen Planungsablaufs hinsichtlich des Detaillierungsgrades, einer präsentativen farblichen Darstellung und des zweckmäßigen Maßstabs.

3.1 Vorentwurfszeichnungen

Vorentwurfszeichnungen (siehe Abb. 3.1-1) sind, gemäß des HOAI-Leistungsbildes der Vorplanung (Projekt- und Planungsvorbereitung), zu Beginn eines Planungsprozesses als zeichnerische Dokumentation der kreativen Ideenphase von Relevanz.

Nach erfolgter Ortsbesichtigung mit einer qualifizierten Dokumentation werden erste zeichnerische Darstellungen mit den finanziellen Rahmenbedingungen (nach DIN 276-1 eine Kostenschätzung) abgesteckt. Weitere Leistungen sind:

- das Analysieren der Grundlagen,
- die Koordination anderer an der Planung fachlich Beteiligter,
- Erstellen eines Terminplans mit den wesentlichen Vorgängen des Planungs- und Bauablaufs,
- sowie eine schriftlich dargelegte Dokumentation der Ergebnisse.

Vorentwurfszeichnungen dienen im Rahmen der Vorplanung der Erläuterung des Planungskonzeptes als Ganzes. Sie sind oft schnell erstellte Bleistiftskizzen ohne Maßstab, die einfach die grundlegende Idee widerspiegeln. Zum besseren und schnelleren Verständnis wird mit selbsterklärenden Mitteln als zeichnerische Darstellung gearbeitet. Eine farbliche Gestaltung unterstützt die Kommunikation zwischen dem Architekten und dem Bauherrn. Die Darstellung von technischen Details bleibt weitestgehend unberücksichtigt.

Vorentwurfszeichnungen können bereits zur Beurteilung der baurechtlichen Genehmigungsfähigkeit herangezogen werden.

Je nach Art und Umfang der Bauaufgabe werden Vorentwurfszeichnungen im Maßstab 1 : 500 bzw. 1 : 200 erstellt.

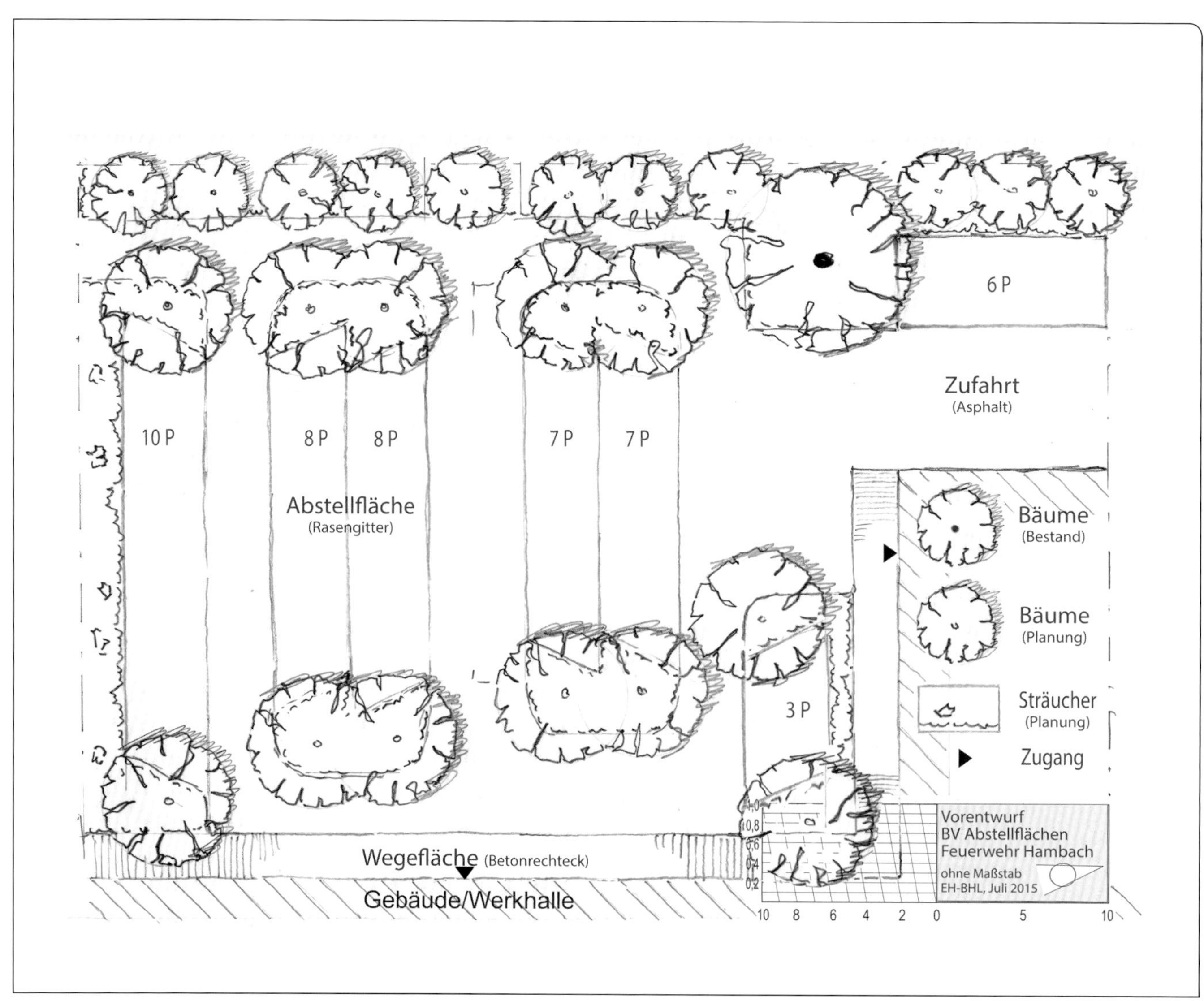

Abb. 3.1-1: Vorentwurf. Exemplarische Darstellung des räumlichen Konzeptes von Abstellflächen mit Angaben zur Anzahl von Abstellflächen, Hauptzugängen sowie Bepflanzung. Mittels eines Transversalmaßstabes (siehe Kap. 1) kann auch die Dimensionierung von Maßangaben < 1 m abgemessen werden.

3.2 Entwurfszeichnungen

Entwurfszeichnungen (siehe Abb. 3.2-1) sind Bauzeichnungen, die als System- und Integrationsplanung das durchgearbeitete Planungskonzept wesentlich detaillierter dokumentieren. Hier sind gegebenenfalls erforderliche oder vom Auftraggeber gewünschte Anpassungen und Änderungen aus der Vorentwurfsphase eingearbeitet. Das kann räumliche Darstellungen betreffen, aber auch Materialanpassungen. Besonderheiten des Bauvorhabens werden berücksichtigt. Die Gestaltung der Baukonstruktion mit den einzelnen Materialien ist zu erkennen. Planungsansätze von möglicherweise zukünftig beteiligten Fachplanern fließen in die zeichnerische Darstellung ein.

Nach dem Leistungsbild der HOAI entspricht dies der Entwurfsphase eines Projektes.

Maßstäbe sind nach Art und Umfang der Bauaufgabe zu wählen, im Regelfall 1 : 100, gegebenenfalls bis 1 : 500. Entsprechend der Anforderungen können in dieser Phase bereits technische Detaillösungen erforderlich sein, die einen konkreteren Detail-Maßstab verlangen, wie 1 : 10, 1 : 5 oder auch 1 : 2.

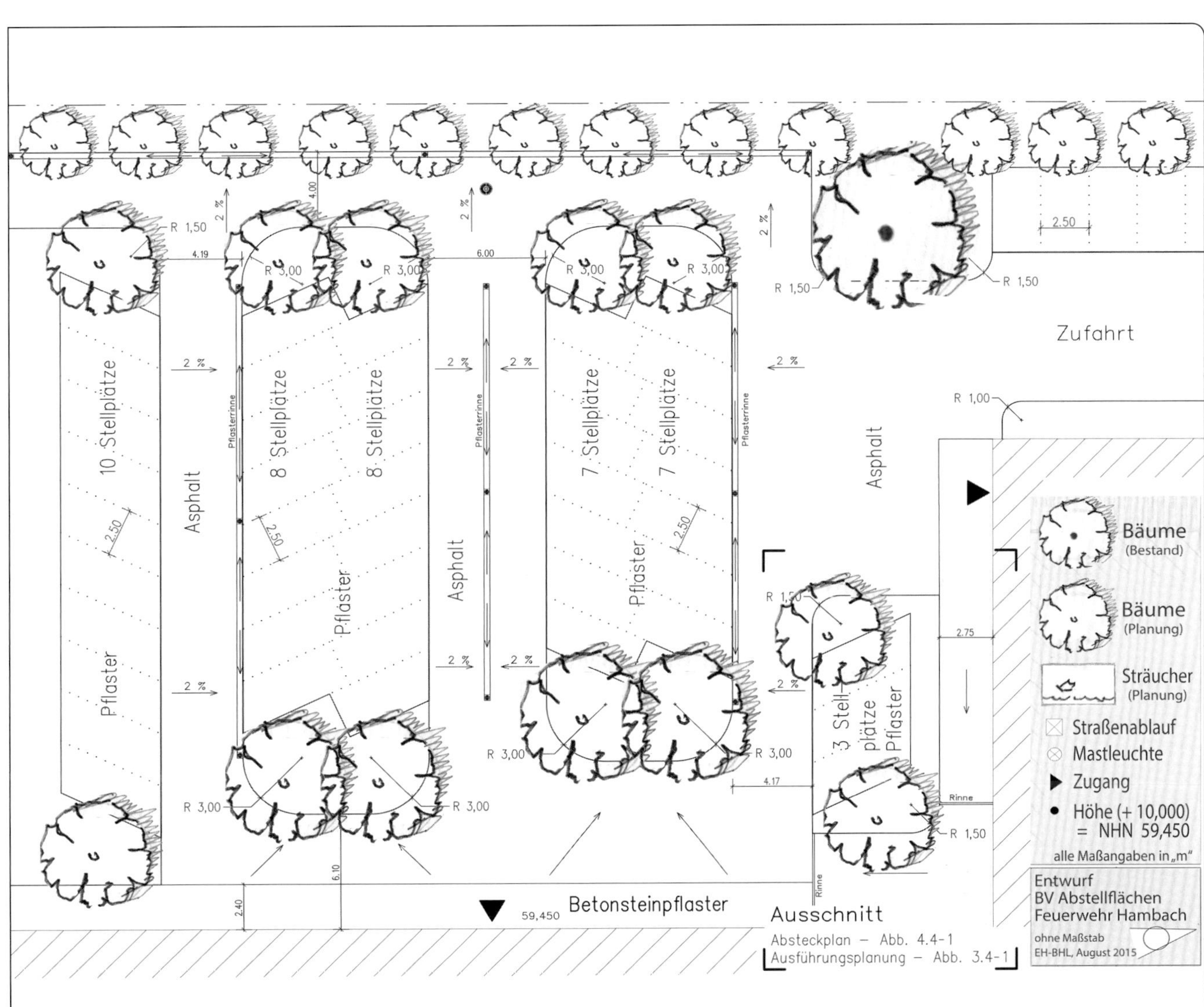

Abb. 3.2-1: Entwurf. Zu den Angaben aus dem Vorentwurf ist im Entwurf auch das Konzept zur Höhen-, Beleuchtungs- und Entwässerungsplanung sowie der Parkierung mit eingearbeitet. Aus dieser Entwurfsskizze kann bereits eine technische Planung (technische Zeichnung) entwickelt werden; siehe Detailplanungen zum markierten Ausschnitt: Abb. 3.4-1 (Ausführungsplanung), Abb. 4.4-1 (Absteckplan).

3.3 Bauvorlagezeichnungen

Im Rahmen der Genehmigungsplanung werden aus den Entwurfszeichnungen Bauzeichnungen entwickelt, die den Rechtsvorschriften der Länder entsprechen.

In ihnen sind alle geforderten Angaben der länderspezifischen Bauvorlagenverordnungen einzuarbeiten. Zeichnungen für andere öffentlich-rechtliche Verfahren haben sich nach den entsprechenden Vorschriften zu richten.

Die Genehmigungszeichnungen werden als Schwarz-Weiß-Darstellung erstellt. Für Entwässerungsplanungen oder für die Darstellung von Abrissbereichen oder Umbaumaßnahmen werden gegebenenfalls farbliche Darstellungen oder eine spezielle Symbolik gefordert.

Entsprechend des Leistungsbildes der HOAI entspricht dies der Genehmigungsplanung eines Projektes.

Bauvorlagezeichnungen umfassen:

- Lagepläne/Absteckpläne,
- Bauzeichnungen (Ansichten, Grundrisse und Schnitte) mit allen baulichen Außenmaßen, Öffnungsmaßen, Dachhöhen, -formen und -neigungen, Treppen mit Angabe des Steigungsverhältnisses, Rettungs- und Fluchtwege, Darstellung des Geländeverlaufs sowie der Gründung des Bauwerks,
- Konstruktionszeichnungen zur Erläuterung der statischen Nachweise,
- Entwässerungszeichnungen.

Ein Absteckplan oder Lageplan stellt die Abgrenzung/Lage eines Objektes oder Gebäudekomplexes in Bezug zu seiner Umgebung dar. Entsprechend der differierenden Landesgesetzgebung sind diese „amtlichen" Planunterlagen unter Umständen durch vereidigte Vermessungsingenieure zu erbringen oder über die Vermessungsämter als Plangrundlage zu beziehen.

Im Regelfall ist ein Maßstab 1 : 50 bis 1 : 100 eine zweckmäßige Darstellung.

Am Beispiel der Errichtung von Abstellflächen für ein Feuerwehrgebäude sind auch diese im Rahmen eines Baugenehmigungsverfahrens für das Gebäude mit zu berücksichtigen. Dabei sind besonders folgende Angaben von Relevanz:

- Größe der versiegelten Verkehrsfläche,
- Art der Ableitung des Oberflächenwassers, Anschluss an das öffentliche Kanalsystem oder Versickerung auf dem Grundstück,
- Feuerwehraufstellflächen.

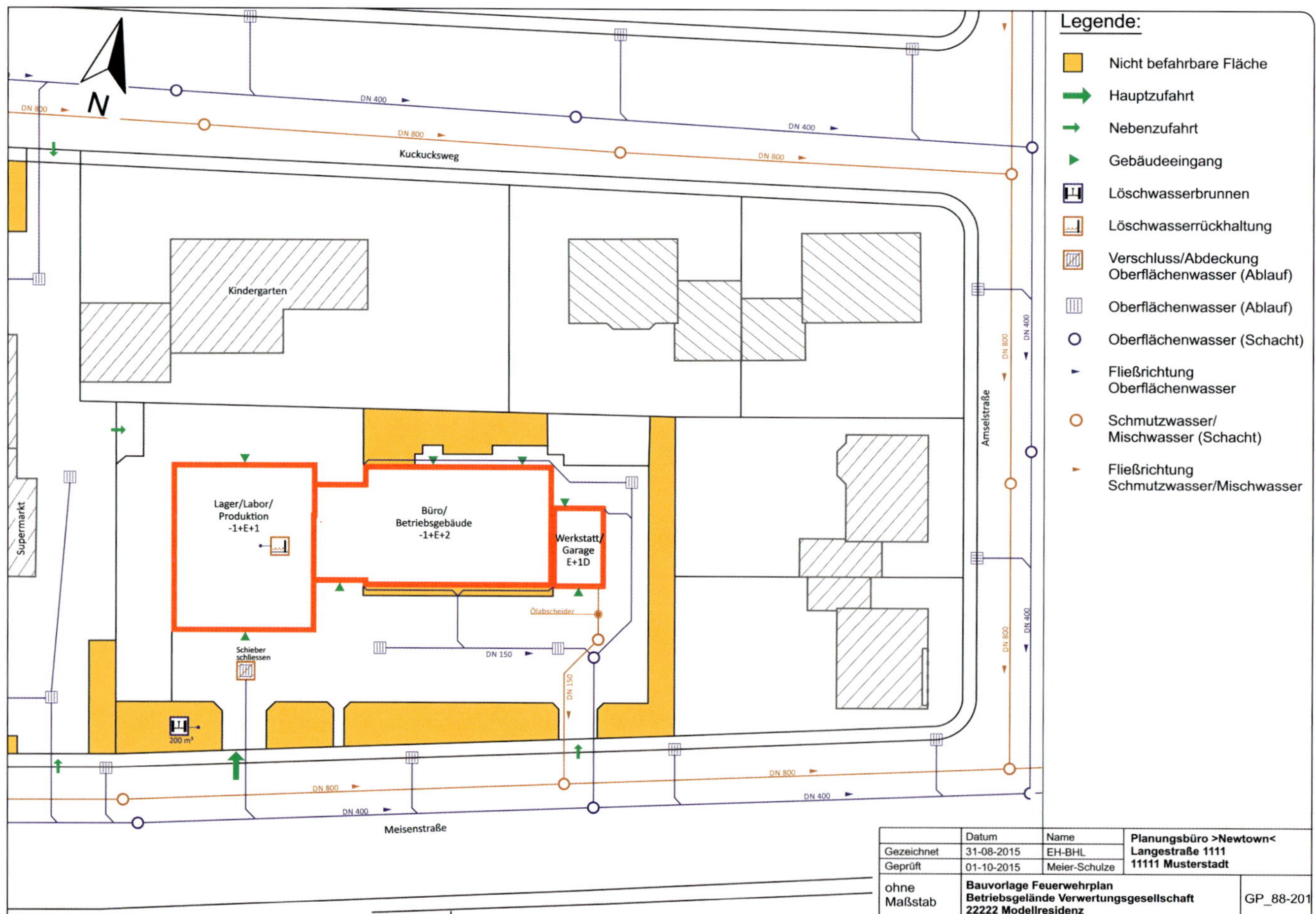

Abb. 3.3-1: Bauvorlagezeichnung – Kennzeichnung von Zufahrten, Stellflächen und Löschwasserstellen im Zuständigkeitsbereich des Brandschutzes.

3.4 Ausführungszeichnungen

Mit dem Erarbeiten der Ausführungsplanung (vgl. HOAI, 2013) auf Grundlage der Entwurfs- und Genehmigungsplanung sind detaillierte Ausführungszeichnungen zu erarbeiten. Sie sind das zeichnerische Grundgerüst für jeden weiteren Detaillierungsgrad. Dafür werden im Rahmen der Ausführungsplanung Werkzeichnungen (Grundrisse, Schnitte, siehe Abb. 3.4-1 und 3.4-2), Detailzeichnungen, siehe Abb. 3.4-3 und 3.4-4) und gegebenenfalls Sonderzeichnungen erstellt. Diese beinhalten neben der Darstellung der baulichen Konstruktion eine ausführliche Bemaßung und die Materialangaben zu den einzelnen Bauteilen sowie den Verbindungsmitteln. Die Darstellungen werden für ein besseres Leseverständnis möglichst auf einem Plan abgebildet. Lassen Größe und Umfang des Bauvorhabens dies nicht zu, muss die Übersichtlichkeit durch eine chronologische Abfolge der Zeichnungen gemäß Baufortschritt gewährleistet werden.

Die Ausführungszeichnungen sind Handlungsanweisung für die Baustelle und dienen als Grundlage für die Leistungsbeschreibung. Ziel der Ausführungsplanung ist eine planmäßige und fehlerfreie Erstellung des geplanten Objektes.

Ausführungszeichnungen sind abstrakte Schwarz-Weiß-Darstellungen, die durch die einheitliche Symbolik (Schraffuren etc.) eine eindeutige Kommunikation auf der Baustelle unter den einzelnen Gewerken sicherstellen.

Freianlagen werden mit den für die Ausführung notwendigen Angaben, Detail- oder Konstruktionszeichnungen dargestellt. Dazu zählen insbesondere Angaben zu:

- Oberflächenmaterial, -befestigungen und -relief,
- ober- und unterirdischen Einbauten und Ausstattungen,
- Vegetation mit Angaben zu Arten, Sorten und Qualitäten,
- landschaftspflegerischen, naturschutzfachlichen oder artenschutzrechtlichen Maßnahmen.

Es wird in der Ausführungsplanung in der Tiefe der zeichnerischen Darstellungen in zwei grundsätzliche Planvarianten unterschieden:

- Werkzeichnungen („Werkpläne"): Als Maßstab ist im Regelfall 1 : 50 zu wählen (gegebenenfalls 1 : 20). Grundrisse und Schnitte (gegebenenfalls Ansichten) geben einen Gesamtüberblick über einen bestimmtem Bereich. Der gewählte Maßstab lässt das Ablesen von Bauteildimensionen, Materialität und Verbindungen bzw. Übergängen zu.
- Detail- und/oder Teilzeichnungen: Sie ermöglichen die punktuelle Vergrößerung aus den Werkzeichnungen. Als Maßstab sind die Maßstäbe 1 : 20, 1 : 10, 1 : 5 und 1 : 1 zu wählen.

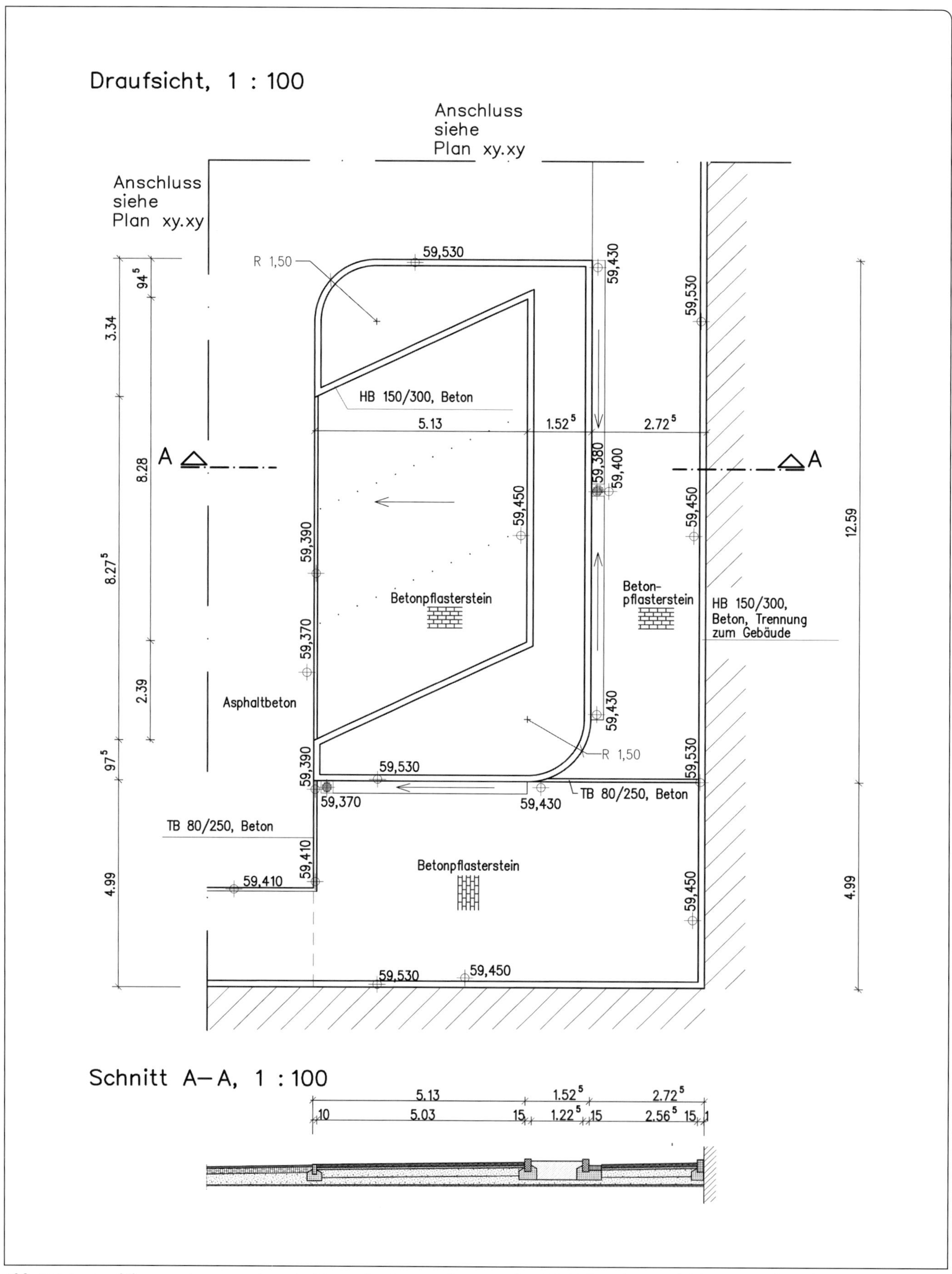

Abb. 3.4-1: Ausführungsplanung – Ausschnitt aus der Gesamtplanung – Bereich Nebeneingang (siehe Entwurf – Abb. 3.2-1, Absteckplan (Ausschnitt) – Abb. 4.4-1). Für die Lesbarkeit in der Draufsicht ist bei dieser großflächigen Maßnahme ein Maßstab 1 : 100 möglich. Der Schnitt A–A im Maßstab 1 : 100 ist nicht gut lesbar (vgl. Abb. 3.4-2).

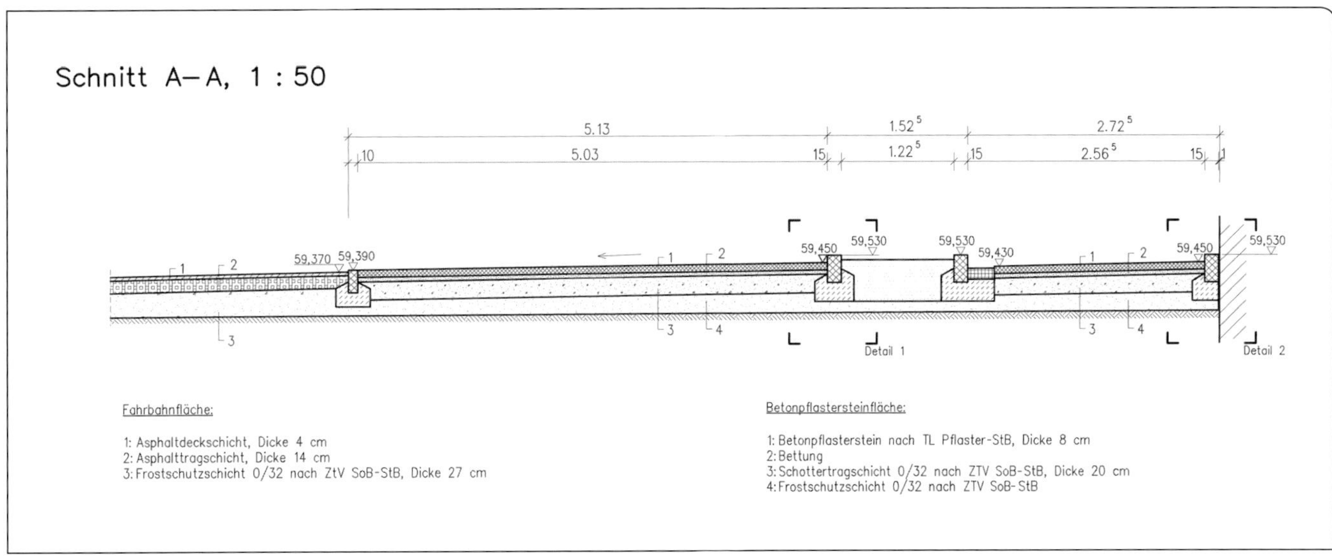

Abb. 3.4-2: Ausführungsplanung – Schnitt A–A. Im Maßstab 1 : 50 sind der Schichtenaufbau und die Materialität ablesbar. Die markierten Bereiche werden als Detail vergrößert (siehe Übersicht – Abb. 3.4-1, Detailzeichnungen – Abb. 3.4-3 und 3.4-4).

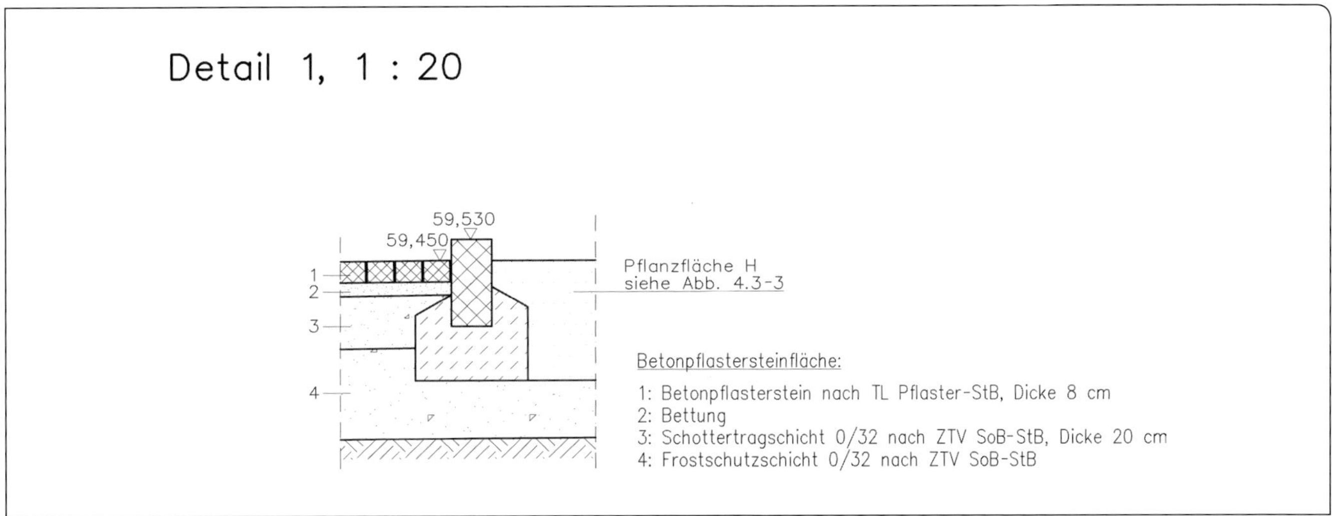

Abb. 3.4-3: Ausführungsplanung – Detail 1 (siehe Übersicht – Abb. 3.4-1, Schnitt – Abb. 3.4-2).

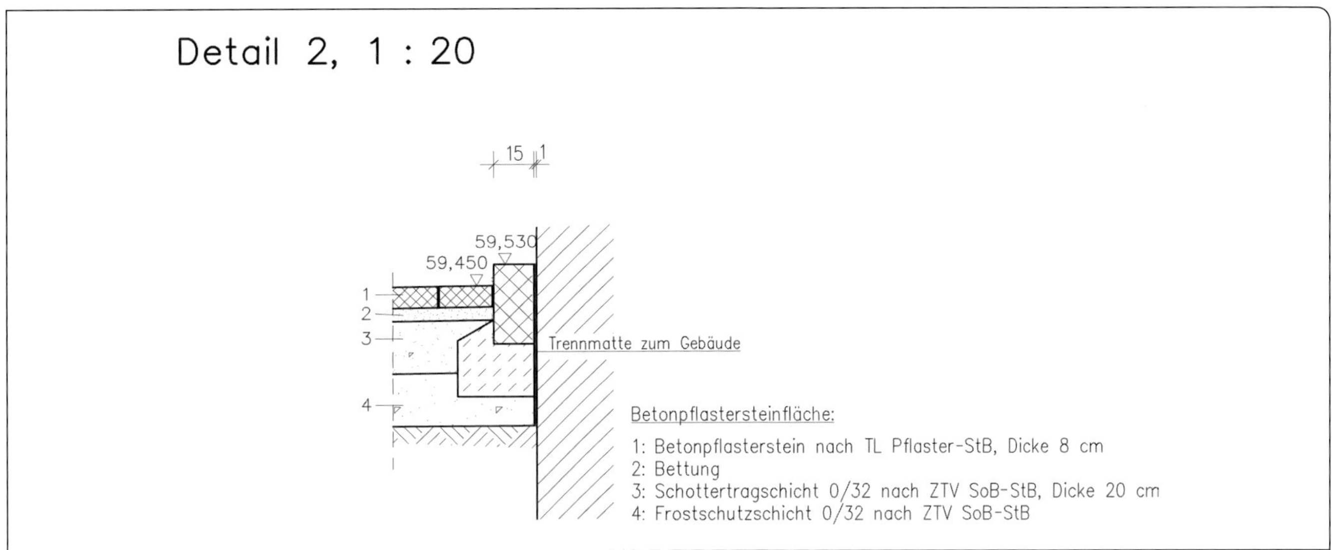

Abb. 3.4-4: Ausführungsplanung – Detail 2 (siehe Übersicht – Abb. 3.4-1, Schnitt – Abb. 3.4-2).

3.5 Baubestandszeichnungen

Zeichnerische Darstellungen älterer Anlagen oder Gebäude sind nicht immer ordnungsgemäß archiviert. Stehen dann Umgestaltungen oder Umbaumaßnahmen an, muss der vorhandene Baubestand in seinem Zustand nachträglich erfasst werden. Dazu wird das Objekt komplett oder in Teilen aufgemessen. Diese Zeichnungen werden im Regelfall im Maßstab 1 : 100 beziehungsweise 1 : 50 dargestellt.

Diese Baubestandszeichnungen enthalten dann alle notwendigen Angaben für die Umsetzung der weiteren Planungsaufgabe. Diese umfassen beispielsweise:

- Lage im Freiraum,
- Höhe,
- Gebäude,
- Zugänge,
- Mauern,
- Straßen, Wegeflächen,
- Infrastruktur (Entwässerung, Elektro, Beleuchtung, Gas),
- Bepflanzung (insbesondere Baumstandorte in Höhe und Lage),
- Einrichtungsgegenstände,
- Materialität.

Die vollständige Bestandsaufnahme ist eine der wichtigsten Aufgaben im beginnenden Planungsprozess. Falsche oder fehlende Angaben in einer Bestandsaufnahme führen häufig zu kostenintensiven Fehlentscheidungen und dies bereits in der kreativen Entwurfsphase.

3.6 Bauaufnahmezeichnungen

Mit der Bauaufnahme werden das Aufmaß und die Dokumentation von Bauwerksteilen, Bauwerken oder Bauwerksgruppen in textlicher, zeichnerischer und gegebenenfalls auch bildlicher Form gewährleistet.

So sind in einer Bauschadenzeichnung beispielsweise Darstellungen zu Verformungen, Rissen, Zerstörungen, Schädlingsbefall und weiteren Schäden (z. B. Umweltschäden) enthalten.

Bauaufnahmezeichnungen sind Maßaufnahmen bestehender Objekte im erforderlichen Umfang und Maßstab. Zur Orientierung sind hier die Angaben aus der DIN 1356-6 hilfreich, die als Vorgabe die Informationsdichte I und Informationsdichte II vorgeben. Je höher die Anforderungen an Quantität und Qualität der Messpunkte und Einzelmerkmale sind, umso präziser sind auch die Exaktheit und Aussagekraft einer Bauaufnahmezeichnung.

Eine Bauaufnahmezeichnung gemäß der Informationsdichte I dient als erste Grundlage für die Darstellung des Bestandes; mehr nicht.

Die Informationsdichte II hat eine vermehrte Messpunktdichte und dadurch eine erhöhte Anzahl der textlichen und grafischen Informationen im Vergleich zur Informationsdichte I. In Abhängigkeit von der Aufgabenstellung ist eine Weiterbearbeitung auf Grundlage der Informationsdichte I anzustreben; ein verformungsgetreues Aufmaß ist obligatorisch.

Bauaufnahmezeichnungen der Informationsdichte II dienen bei Genehmigungsplanungen und Sanierungsmaßnahmen als Basisinformation. Dies gilt insbesondere auch dann, wenn die Bausubstanz in geringem Maße verändert wird. Weiterhin ist die Angabe nach Informationsdichte II eine Grundlage für Orts- und Stadtbildanalysen sowie die daraus abgeleiteten Gestaltungssatzungen. Sie hat exemplarisch folgende Bedeutung:

- Aufstellen einer Bauchronologie; Darstellung von Bauschäden; Rauminhalte nach DIN 277-1;
- Bearbeitung als Entwurfszeichnung oder Bauvorlagezeichnung;
- genauere Aufnahme der Oberflächen mit Detailangaben.

3.6.1 Grundlagendokumentation der Informationsdichte I

- Lageplan (M 1 : 500),
- Stockwerksgrundrisse mit Angabe der Nordrichtung (M 1 : 100),
- notwendige Schnitte für die Umsetzung einer Bauaufnahme sind der DIN EN ISO 4157-1 zu entnehmen,
- Ansichtsdarstellungen in orthogonaler Strichzeichnung (M 1 : 100),
- alle Bauwerksansichten mit Darstellung des Geländeverlaufs (M 1 : 100).

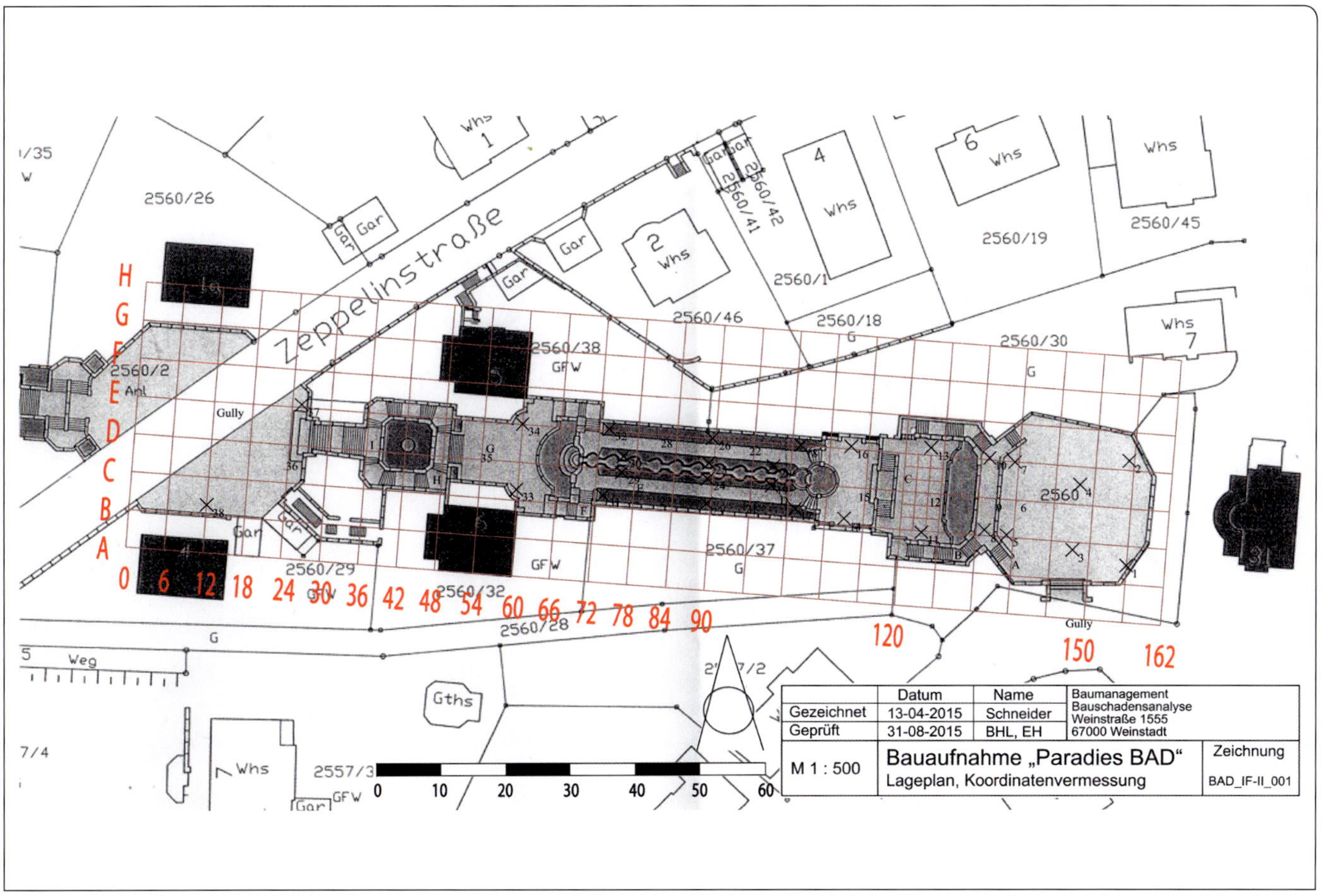

Zeppelinstraße
2560/26
2560/19
2560/45
2560/46
2560/18
2560/30
2560/38
2560/37
2560/29
2560/32
2560/28
2560/2
2560/42
2560/41
H
G
F
E
D
C
B
A
0 6 12 18 24 30 36 42 48 54 60 66 72 78 84 90 120 150 162
Gully
0 10 20 30 40 50 60
Datum
Name
Gezeichnet 13-04-2015 Schneider
Geprüft 31-08-2015 BHL, EH
Baumanagement
Bauschadensanalyse
Weinstraße 1555
67000 Weinstadt
M 1 : 500
Bauaufnahme „Paradies BAD“
Lageplan, Koordinatenvermessung
Zeichnung
BAD_IF-II_001

Abb. 3.6-1: Schadensbildanalyse Wasseranlage „Das Paradies“ in Baden-Baden. Koordinatenvermessung.

Profilschnitt Achse D
(West – Ost)
76,625
80,031
82,252
83,403
85,924
88,643
91,073
91,789
93,394
97,980
99,199
22,69
0 10 20 30 40 50 60 70 80 90 100 110 120
1 : 500
Datum
Name
Gezeichnet 22-04-2015 Schneider
Geprüft 31-08-2015 BHL, EH
Baumanagement
Bauschadensanalyse
Weinstraße 1555
67000 Weinstadt
M 1 : 500
Bauaufnahme „Paradies BAD“
Schnitt, Koordinatenvermessung
Zeichnung
BAD_IF-II_002

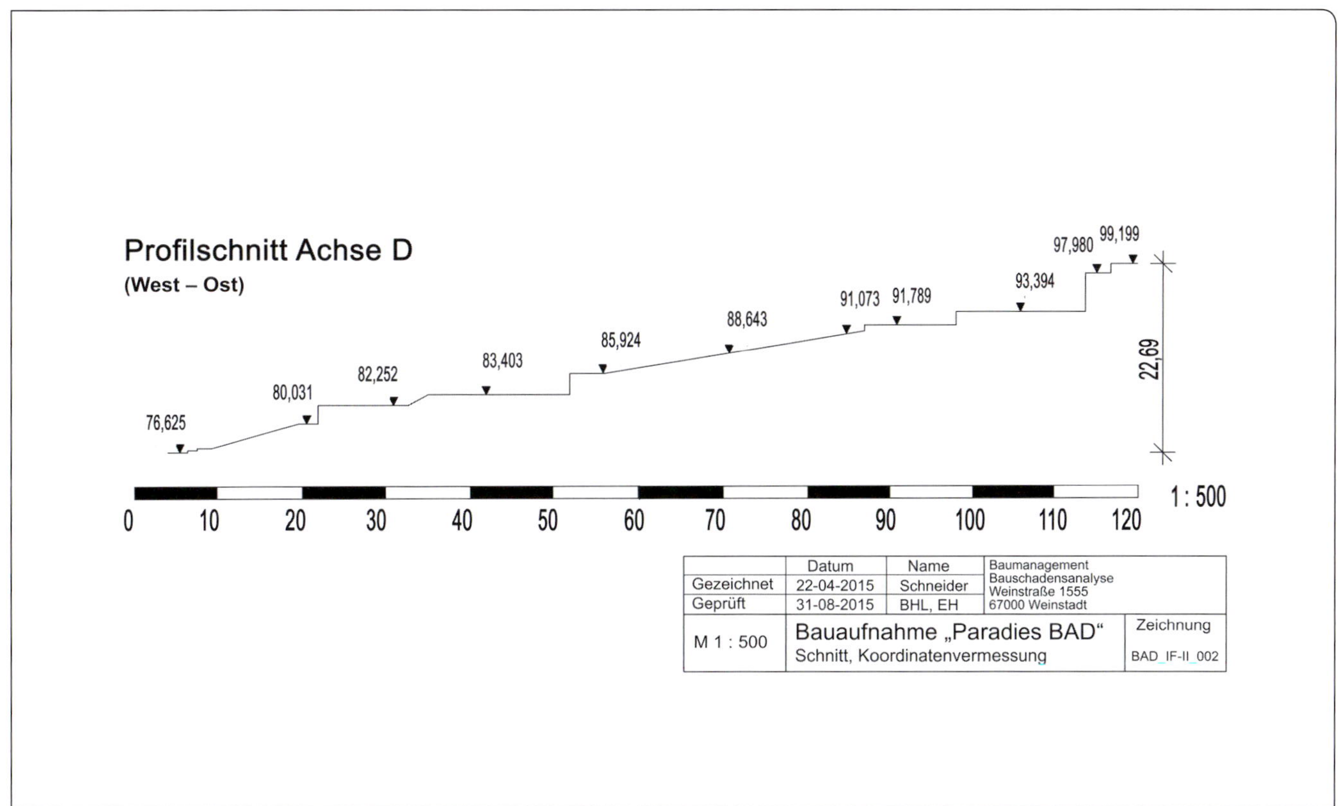

Abb. 3.6-2: Schadensbildanalyse Wasseranlage „Das Paradies“ in Baden-Baden. Schnitt.

3.6.2 Grundlagendokumentation der Informationsdichte II

- Lageplan (mindestens M = 1 : 500),
- Stockwerksgrundrisse mit Kennzeichnung nach DIN 6779-12 und Angabe der Nordrichtung (mindestens M = 1 : 50),
- Ansichtsdarstellungen in orthogonaler Strichzeichnung (M 1 : 50),
- alle Bauwerksansichten mit Darstellung des Geländeverlaufs (M 1 : 50).

Weitere Darstellungsarten sind als Zusatzleistung, in Abhängigkeit von der Aufgabenstellung, zu vereinbaren, zum Beispiel:

- Wandabwicklungen,
- weitere Schnittzeichnungen,
- räumliche Darstellungen.
  Bundesländer wie Baden-Württemberg schreiben beispielsweise nicht nur die Darstellung Lage im Raum (X; Y) vor, sondern auch die Angabe der Schadenstiefe (Z).

3.6.3 Bauschadenserfassung in der zeichnerischen Dokumentation

Ab Informationsdichte II sind für die qualifizierte Bauschadenserfassung Angaben über Art und Größe des Schadens erforderlich, die sogenannte Darstellung des Schadensbildes.

In einer Zeichnung sind alle Schäden mit fortlaufenden Positionsnummern und den Schadensschlüsselnummern zu versehen, die unter Umständen ergänzt werden dürfen.

So ist beispielsweise anhand der Tabelle „Schadensschlüssel" (vgl. DIN 1356-6) ein Schadensschlüssel mit der Bezeichnung BS (für Bauschaden) und der jeweiligen Schadensschlüsselnummer (z. B. BS08) für Abplatzungen anzuwenden. Fotodokumentationen sind nicht unbedingt gefordert, erleichtern aber erheblich die Verortung im Objekt.

Mehrfaches Auftreten gleicher Schäden an einem Ort können zu einer Gruppe zusammengefasst werden, sie werden dann im Schadensschlüssel mit der Ergänzung „Gr" gekennzeichnet.

Bauschäden werden räumlich mit X-, Y- und Z-Achse, im Regelfall elektrooptisch, aufgemessen und in einem Bauschadensregister chronologisch als digitalisierte Datenbank aufgenommen.

Tab. 3.6-1: Beispiel für Schadensschlüssel (vgl. DIN 1356-6)

Nr.	Bezeichnung des Schlüssels	Nr.	Bezeichnung des Schlüssels
01	Löcher	16	Oxidation/Lochfraß
02	Druckstellen	17	Chemische Schäden
03	Leckage	18	Farbveränderung
04	Kratzspuren	19	Versottung
05	Risse/Spalten	20	Frost
06	Brüche	21	Wasser/Feuchtigkeit
07	Hohlräume/Blasen	(...)	(...)
08	Abplatzungen	32	Altlasten/Kontaminierung
09	Ablösungen	33	Besondere Schäden
(...)	(...)	34	Umweltschäden
15	Salze/Ausblühungen	(...)	(...)

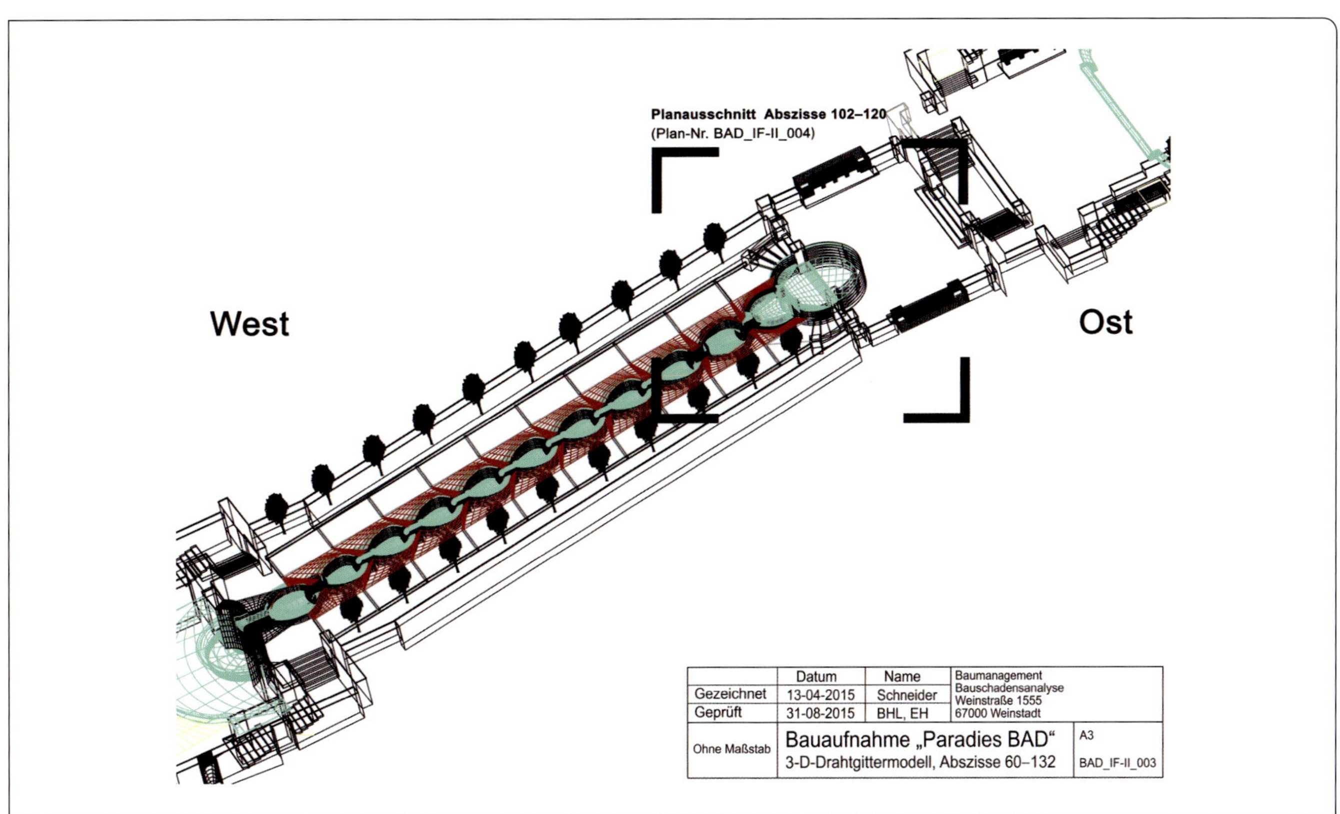

Abb. 3.6-3: Schadensbildanalyse Wasseranlage „Das Paradies“ in Baden-Baden. Übersicht Drahtgittermodell – Ostseite (Abszisse 60–132). Mit einem Drahtgittermodell wird ein dreidimensionales geometrisches Modell dargestellt, es zeigt den Körper nur in seinen Kanten. Die meisten CAD-Programme sind in der Lage, eine sehr schnelle Darstellung der Grafik zu generieren und gegebenenfalls auch nur die wichtigen Formen und Eintragungen zu zeigen. Ein Nachteil ist die nicht exakte Abbildung der Realität. Aus dem Drahtgittermodell kann dann mittels Rendering der aufwendigere Rechenleistungsteil erfolgen.

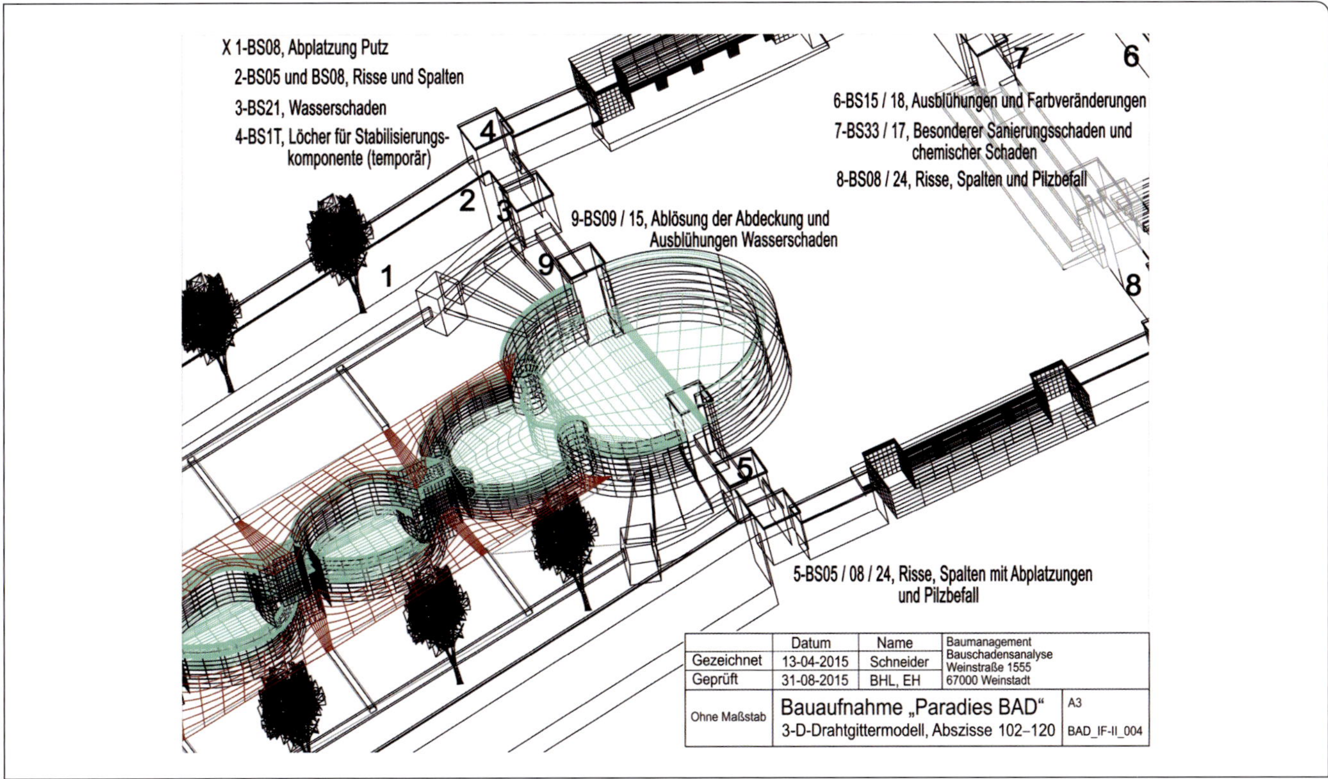

Abb. 3.6-4: Schadensbildanalyse Wasseranlage „Das Paradies“ in Baden-Baden. Ausschnitt Drahtgittermodell – Ostseite (Abszisse 102–120). Darstellung der Schäden 1–9. Soweit möglich werden die Schäden bereits in der 3-D-Darstellung benannt, vollständige Angaben werden in einem Schadenshandbuch aufgelistet (siehe Tab. 3.6-2).

Tab. 3.6-2: Beispiele für grafische Darstellung von Bauschäden; Schadensbildanalyse Wasseranlage „Das Paradies“ in Baden-Baden mit Fotodokumentation an Mauern für die Informationsdichte II (vgl. DIN 1356-6)

Nr.	Symbol	Beispiel	Erläuterung
1	X 1-BS08	X 1-BS08	Punktuelle Schäden; Darstellung durch Kreuz (X 1-BS08, Abplatzung Putz)
2	2-BS05 und BS08	2-BS05 und BS08	Lineare Schäden; Darstellung durch Freihandlinie (2-BS05 und BS08, Risse und Spalten)
3	3-BS24 und BS21	3-BS24 und BS21	Flächige/räumliche Schäden; Darstellung durch Freihandumriss mit Diagonalschraffur, Schraffurverlauf von links oben nach rechts unten (z. B. 3-BS24, Schimmelbefall, 3-BS21, Wasserschaden)
4	4-BS01T_DOKU, (in Verbindung mit den Symbolen aus 1 bis 3)	4-BS01T_DOKU	Temporäre Schäden (Zusatz T), (z. B. 4-BS01T_DOKU, Bohrung, temporär, DOKU bedeutet, dass Bildmaterial vorhanden ist)
5	5-BS20Gr	5-BS20Gr	Mehrfach auftretende Schäden, Frosteinwirkung (Zusatz Gr) (Beispiel siehe Symbol 2 – Lineare Schäden)

3.7 Benutzungspläne

Benutzungspläne sind Baubestandszeichnungen oder Bauaufnahmen, die durch zusätzliche Angaben für bestimmte, baurechtlich, konstruktiv oder funktionell zulässige Nutzungen ergänzt sind (z. B. Gerüste, Sportflächen, Abstellflächen (früher Parkplätze), zulässige Verkehrslasten, Rettungswege).

4 Besondere Anforderungen und Darstellungen

Aufgrund der Komplexität in fachspezifischen Plänen werden mit den üblichen Softwareprogrammen üblicherweise farbige Darstellungen gewählt und auch geplottet. In einigen Anwendungen sind hier aber auch Varianten der klassischen Schwarzweiß-Grauwert-Grafik dargestellt.

4.1 Zeichnungen für Außenanlagen

Zeichnungen für Außenanlagen orientieren sich nach der gleichnamigen Norm (vgl. DIN EN ISO 11091), wobei der Informationsumfang der zeichnerischen Darstellung vom Genauigkeitsgrad bestimmt wird, der für die Aufgabe notwendig ist.

Wie für alle Ausführungszeichnungen ist auch für Außenanlagen eine angemessene Bemaßungsquantität relevant, um ein genaues Vermessen und Abstecken vor Ort zu ermöglichen. Unter gewissen Umständen ist es jedoch notwendig, letzte Änderungen bzw. Anpassungen vor Ort vorzunehmen (z. B. Position von Solitärgehölzen, Stauden etc.). In diesen Fällen sind die Zeichnungen in geeigneter Weise mit Anmerkungen zu versehen.

Bestehende und geplante Höhenstufen müssen klar erkennbar und je nach Bedarf dargestellt werden. Sie sind entweder als Höhenpunkt und/oder als Höhenlinie zu kennzeichnen.

Der Abstand zwischen einzelnen Höhenlinien und der Abstand zwischen den Rasterlinien hängen von der Beschaffenheit des Geländes und vom gewünschten Detaillierungsgrad ab.

Wenn in verschiedenen Zeichnungen dieselben Flächen, Bauwerke etc. dargestellt sind, müssen Querverweise die Zusammenhänge sicherstellen.

Falls erforderlich, ist eine Vereinbarung (grafisches Symbol oder vereinfachte Darstellung) zu treffen, die vervollständigt werden kann durch:
- Text,
- Bezeichnungen oder Abkürzungen, die in der Zeichnung oder in dazugehörigen Dokumenten erklärt werden,
- Ergänzungen zu den Vereinbarungen, um zusätzliche Informationen zu übermitteln.

Nichtgenormte Vereinbarungen müssen in der Zeichnung besonders hervorgehoben und erklärt werden.
Beispiele für Darstellungen aus der Norm:
- Unterteilung von Grün-, Rasen- bzw. Staudenflächen,
- bestehende und geplante Höhenlinie (siehe Abb. 4.1-1 und 4.1-2),
- Umrisslinie für bestehende und geplante Fläche zum Anpflanzen von Gehölzen (Sträuchern und Bäumen).

Neue Anpflanzungen werden im Regelfall durch Zeichnungen dargestellt und in Listen erfasst. Anpflanzungslisten dürfen unterteilt werden nach Bäumen, Sträuchern und anderen Pflanzen (siehe Kap. 4.3).

Bezugsraster
Falls ein Bezugsraster zum Orten der externen Arbeiten benötigt wird, soll es das gesamte Gelände umfassen, damit ein Bezug zu allen Arbeiten hergestellt werden kann. Der Rasterlinienabstand ist dem Maßstab der Zeichnung anzupassen.

Gemäß der Norm ist die Empfehlung, dass jede notwendige Arbeit durch ein Kreuz angegeben wird. Die Position des Kreuzes wird mittels Koordinatenangabe bestimmt, die jeweils die gleiche Anzahl an Ziffern haben. Dabei wird zuerst x (östliche Richtung) und dann y (nördliche Richtung) angegeben. Das Kreuz ist nach derselben Lage/Ausrichtung wie das Raster zu positionieren.
Bemaßungsangaben sind nach der DIN ISO 129 vorzunehmen, Beispiel:
- ursprüngliche Höhenstufe, die nicht länger gültig ist,
- neue Höhenstufe,
- Höhenstufe im Schnitt,
- Bezugspunkt in der Zeichnung,
- Einzelbemaßung,
- steigende Bemaßung,
- Radius,
- Vertragsgrenze,
- bestehendes, zu beseitigendes Objekt,
- Stufen/Treppen (siehe Abb. 4.1-1 und 4.1-2: Die Lauflinie einer Treppe wird durch eine Volllinie gekennzeichnet. Sie beginnt mit einem Kreis an der Vorderkante der Antrittsstufe und endet mit einer Pfeilspitze. Sie markiert die Vorderkante der obersten Setzstufe; die oberste und die unterste Ebene dürfen angegeben werden, oder die Stufen dürfen von unten nach oben nummeriert werden, wobei man mit 1 für die erste Stufe beginnt (DIN ISO 7519)),
- Rampe (Die Pfeilspitze weist auf die oberste Ebene. Die oberste und die unterste Ebene dürfen angegeben werden (DIN ISO 7519)).

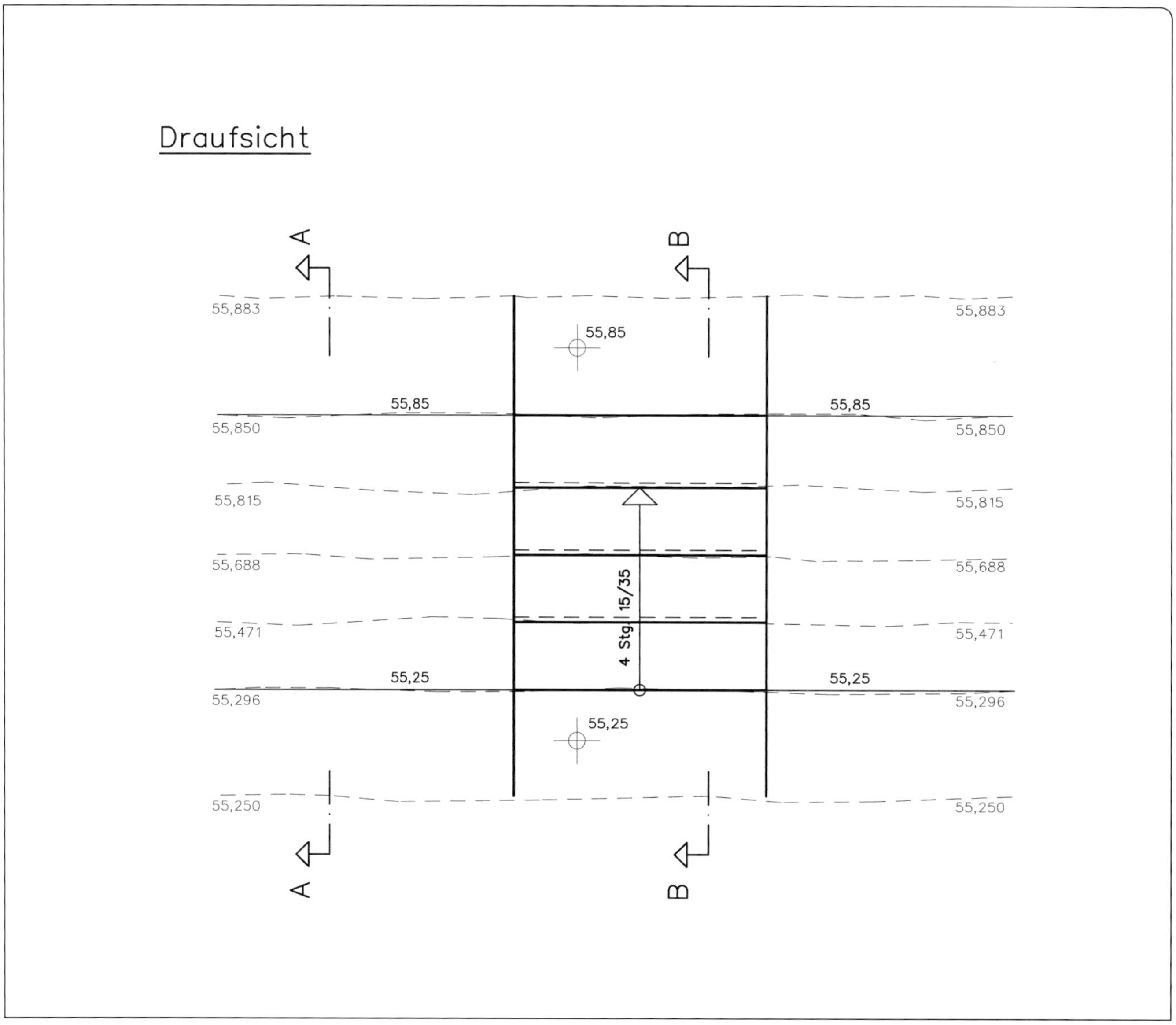

Draufsicht
A
B
55,883
55,85
55,883
55,85
55,85
55,850
55,850
55,815
55,815
55,688
55,688
4 Stg. 15/35
55,471
55,471
55,25
55,25
55,296
55,296
55,25
55,250
55,250
A
B

Abb. 4.1-1: Draufsicht – Planung einer Blockstufentreppe mit bestehenden und geplanten Höhenlinien (Schnitte – siehe Abb. 4.1-2).

Schnitt A–A
55,85
55,25
Schnitt B–B
4 Stg. 15/35
55,85
55,25

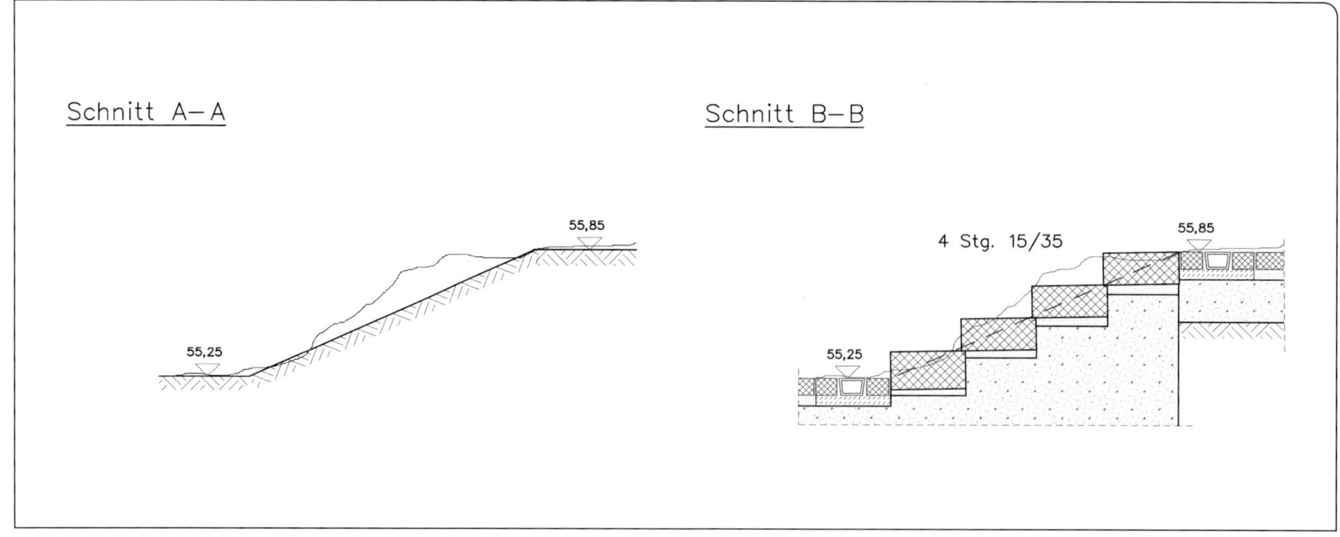

Abb. 4.1-2: Schnitte – Planung einer Blockstufentreppe mit Geländemodellierung (Draufsicht – siehe Abb. 4.1-1).

4.2 Entwässerungsanlagen

Die zeichnerischen Angaben zur Darstellung von Entwässerungsanlagen werden zweckmäßig aus mehreren Normen herangezogen (vgl. DIN 2425-1 bis 6, DIN EN 62305-3).

Planunterlagen für Entwässerungsanlagen sind als umfangreiches Planwerk zu erstellen.

Aufnahmeskizzen

Bei Aufnahme der Örtlichkeit und bei der Verlegung werden in der Regel Handskizzen hergestellt, die die Grundlage für die Aufnahmeskizzen bilden.

Sie sind als Grundlage des Planwerkes aufzubewahren. Die Aufnahmeskizzen müssen Datum und Unterschrift tragen.

Die Aufnahmeskizzen sollen enthalten:

- Angaben über die Örtlichkeit (Gemeinde, Ortsteil, Straße),
- Lageangaben für Kanäle und Schächte sowie Maßlinien und Topografie, soweit diese zur Lagekennzeichnung erforderlich sind,
- bei Freispiegelleitungen Nennweite, Wanddicke und Profil des Kanals, Werkstoffangabe und Art der Rohrverbindung, bei Druckleitungen zusätzlich Nenndruck,
- bei Schutzrohren Nennweite, Wanddicke, Werkstoff,
- Art der Rohrverbindung,
- Sohlgefälle,
- Schächte, Umleitungsbauwerke und sonstige Sonderbauwerke, z. B. Regenklärbecken, Regenrückhaltebecken, Regenüberlaufbecken, Regenüberläufe,
- Pumpwerke, Hebewerke,
- Haltungslänge, bezogen auf die Schachtdeckelmitte, in Sonderfällen auch auf Bauwerksaußen- oder Bauwerksinnenkante,
- Sohlkoten und Koten der Schachtdeckeloberkante,
- Baugrund und Oberflächenbefestigung,
- Höhe und Lage der Seitenzuläufe,
- Fremdleitungen,
- besondere Schutzmaßnahmen (z. B. Betonummantelung, Außenbeschichtung).

Als Grundlage für das Bestandsplanwerk soll das Grundkartenwerk des zuständigen Vermessungsamtes verwendet werden. Es soll außer den Flurstücksgrenzen, Grenzpunkten, amtlichen Festpunkten und den Gebäuden alle wichtigen topografischen Einzelheiten, die Straßennamen und die Hausnummern enthalten. Sofern Eintragungen fehlen, die zur Darstellung der örtlichen Situation von Bedeutung sind (z. B. Straßenbegrenzungslinien, Stützmauern, feste Pflanztröge), ist der Lageplan unter Beachtung von DIN 18702 entsprechend zu ergänzen.

Der Bestandsplan wird zweckmäßigerweise als Deckfolie zur Grundkarte des Vermessungsamtes geführt.

Folgende Maßstäbe werden empfohlen:

- für dicht bebaute Gebiete 1 : 500,
- für locker bebaute Gebiete 1 : 1000.

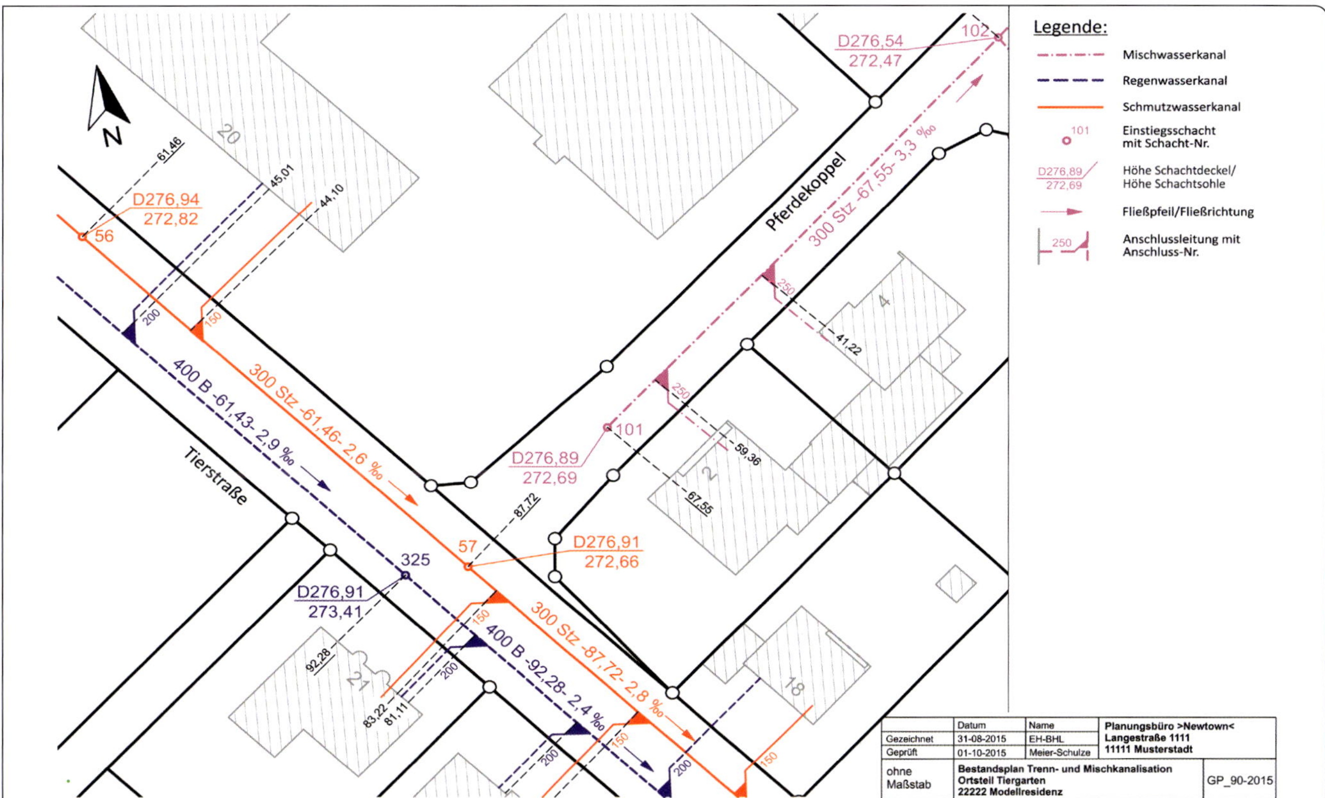

Abb. 4.2-1: Planausschnitt einer Entwässerungsplanung, Trenn- und Mischwasserkanalisation.

4.3 Bepflanzungsplan

Gemäß den unterschiedlichen Baugesetzgebungen der Bundesländer kann es zu genehmigungspflichtigen Vorgaben für Bepflanzungsmaßnahmen kommen.

Bauvorhaben im Außenbereich sind gemäß Bundesnaturschutzgesetz (BNatSchG) grundsätzlich als Eingriff in Natur und Landschaft zu werten. Der Verursacher eines Eingriffes ist verpflichtet, Beeinträchtigungen von Natur und Landschaft durch geeignete Maßnahmen zu kompensieren. Dazu kann für kleinere Vorhaben mit höchstens 800 m² Eingriffsfläche, an Stelle eines landschaftspflegerischen Begleitplanes, ein Bepflanzungsplan (vgl. auch DIN EN ISO 11091) erstellt werden. Dieser ist den Bauantragsunterlagen beizulegen.

Zur Umsetzung des Gestaltungskonzeptes bzw. des Entwurfs der Gehölz- und Staudenpflanzung muss eine Bepflanzungsplanung als Bestandteil der Ausführungsplanung erstellt werden. Diese beinhaltet alle grafischen Darstellungen in Form von Plänen und Pflanzlisten für die Bestellung, Ausführung und Abrechnung. Diese Unterlagen sind die Arbeitsanleitung für die Baustelle und dienen im Wesentlichen zur Erstellung des Leistungsverzeichnisses (LV).

Bepflanzungspläne müssen übersichtlich gestaltet und leicht lesbar sein. Zum besseren Verständnis erhalten die Pläne Legenden, die die verwendeten Symbole und Signaturen erläutern und keine Verwechslung zulassen dürfen. Zusätzlich sind Pflanzlisten und gegebenenfalls Blütenkalender zu erstellen.

Folgende Kriterien sollte jeder Bepflanzungsplan enthalten (siehe Abb. 4.3-1 bis 4.3-4):

- Pflanzenarten und die Sortenauswahl mit Angabe der Qualitäten,
- Positionierung von Einzelpflanzen/Gehölzen,
- Verteilung der Stauden auf der Fläche (Pflanzabstände bzw. Angabe Stück pro m²).

Vegetationstechnische Maßnahmen sind mit jeder Pflanzung verbunden. Sofern Übersichtspläne in Kombination mit dem Leistungsverzeichnis einen Interpretationsspielraum lassen, müssen zusätzliche Detailzeichnungen angefertigt werden (siehe Abb. 4.3-5).

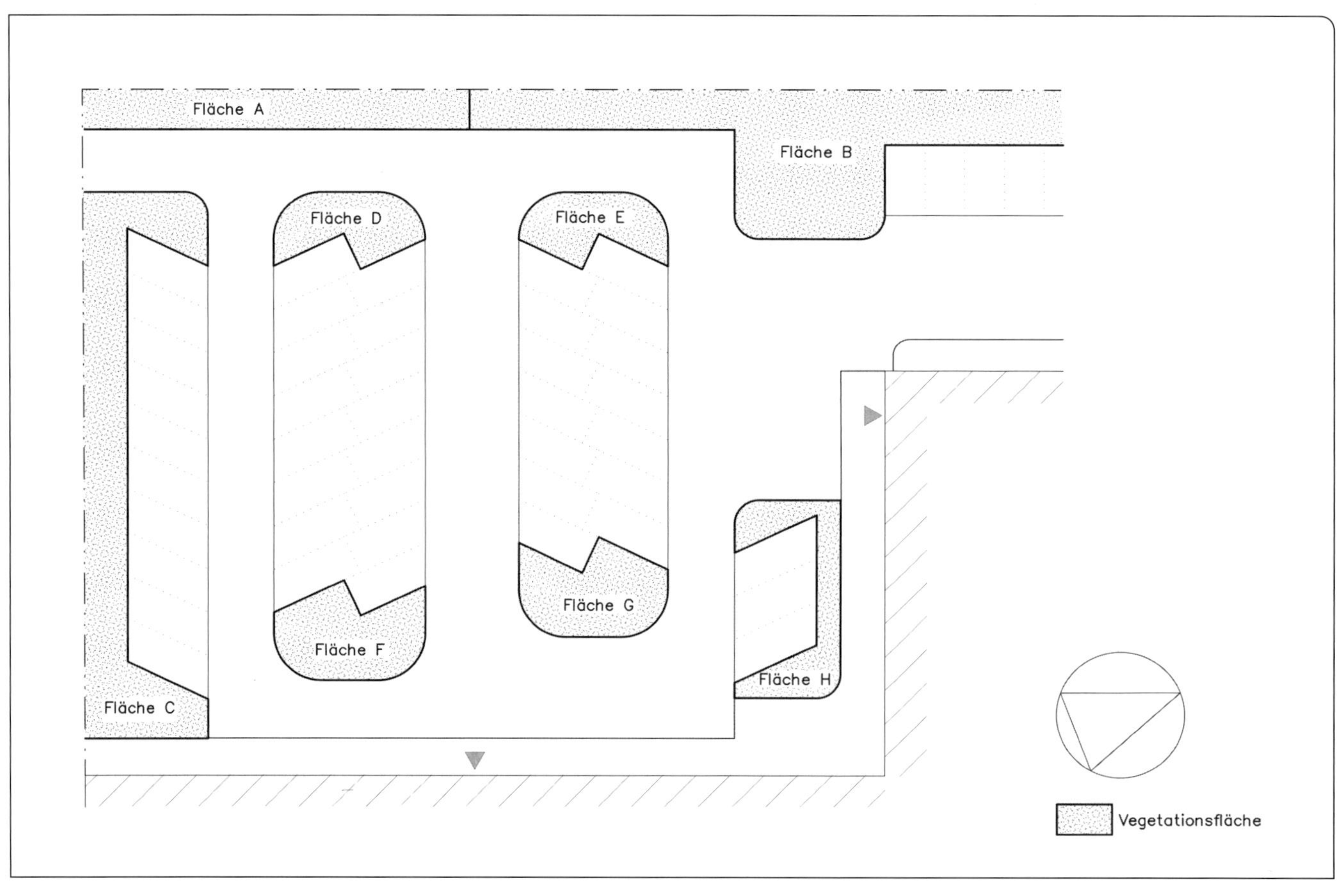

Abb. 4.3-1: Übersichtsplan – Bepflanzung (siehe Entwurf – Abb. 3.2-1, Bepflanzung von Teilflächen – Abb. 4.3-2 und 4.3-3, Pflanzliste – Abb. 4.3-4).

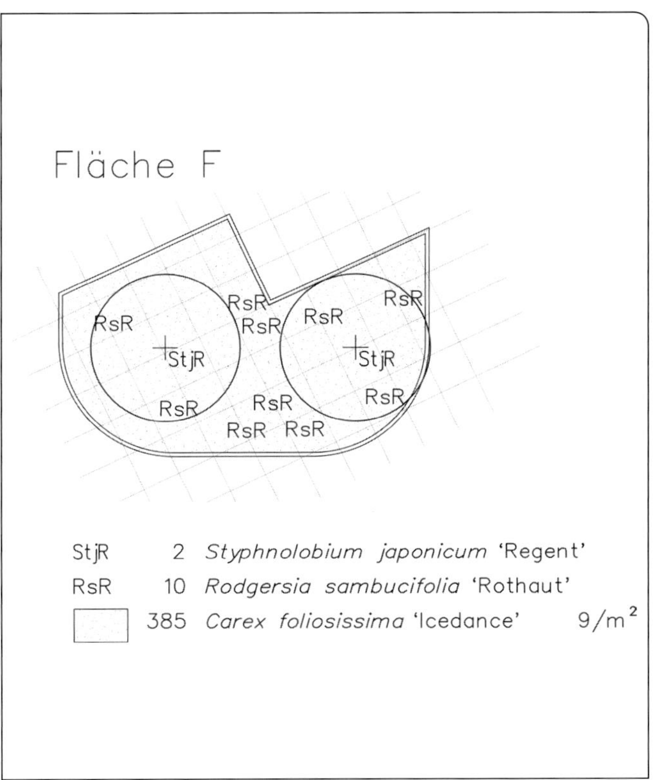

Abb. 4.3-2: Bepflanzung – Fläche F (siehe Übersichtsplan – Abb. 4.3-1).

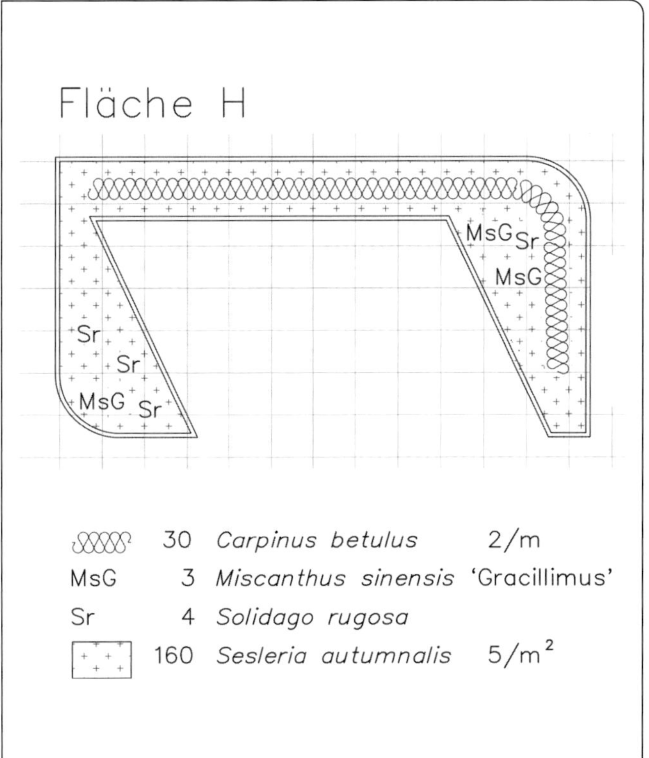

Abb. 4.3-3: Bepflanzung – Fläche H (siehe Übersichtsplan – Abb. 4.3-1).

Symbol/ Signatur	Anzahl	Botanischer Name	Qualität	Informationen
Fläche F				
StjR	2	*Styphnolobium japonicum* 'Regent'	H, ew, 4xv, mDb, 25-30, Krbr. 150-200	
	385	*Carex foliosissima* 'Icedance'	P 0,5	9/m²
RsR	10	*Rodgersia sambucifolia* 'Rothaut'	C 2	
Fläche H				
	30	*Carpinus betulus*	He, geschn., 2xv, mB, 125-150	2/m
MsG	3	*Miscanthus sinensis* 'Gracillimus'	C 2	
	160	*Sesleria autumnalis*	P 0,5	5/m²
Sr	4	*Solidago rugosa*	P 1	

Abb. 4.3-4: Pflanzliste (siehe Übersichtsplan – Abb. 4.3-1, Bepflanzung von Teilflächen – Abb. 4.3-2 und 4.3-3).

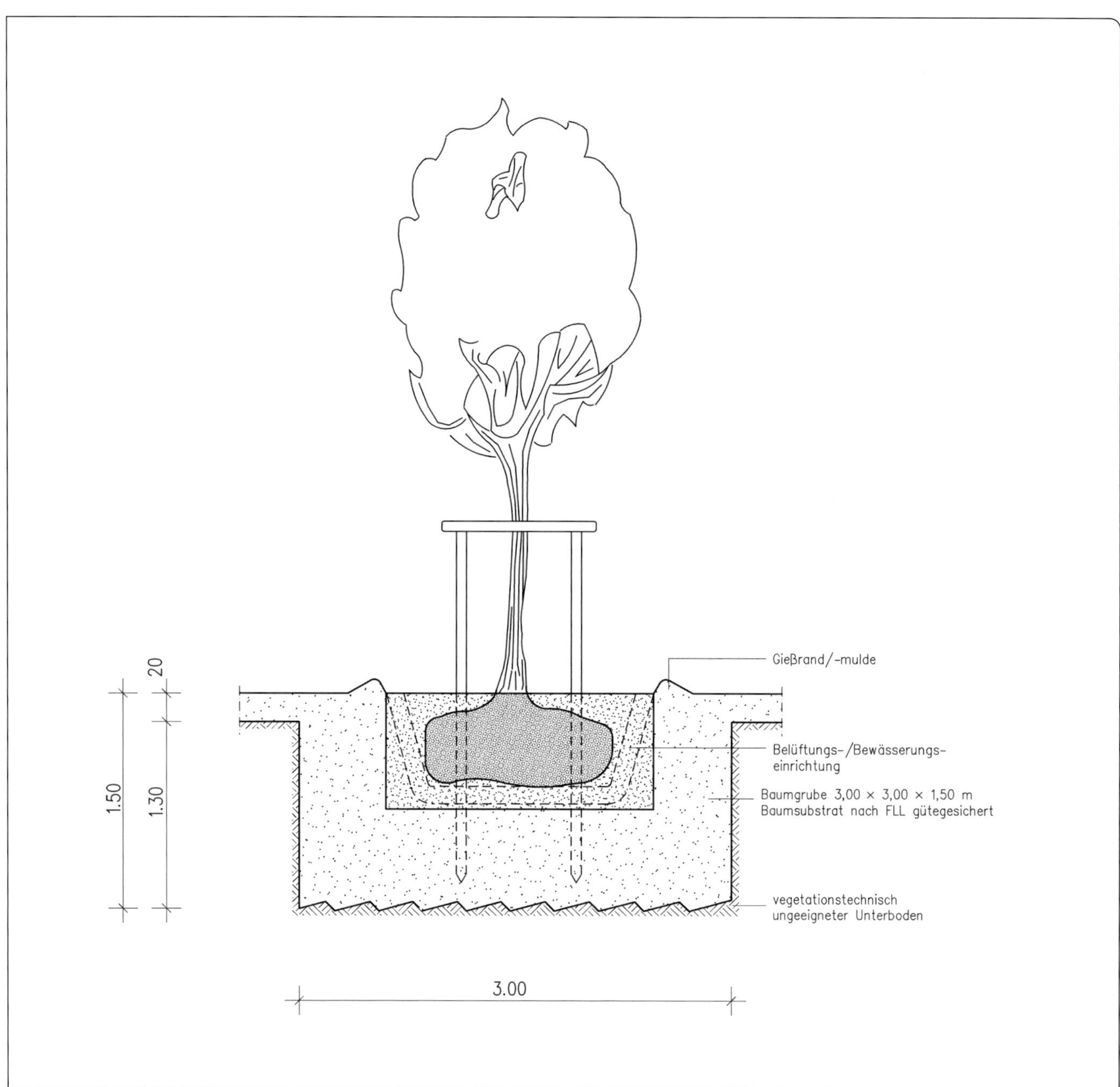

Abb. 4.3-5: Detailzeichnung Pflanzgrube.

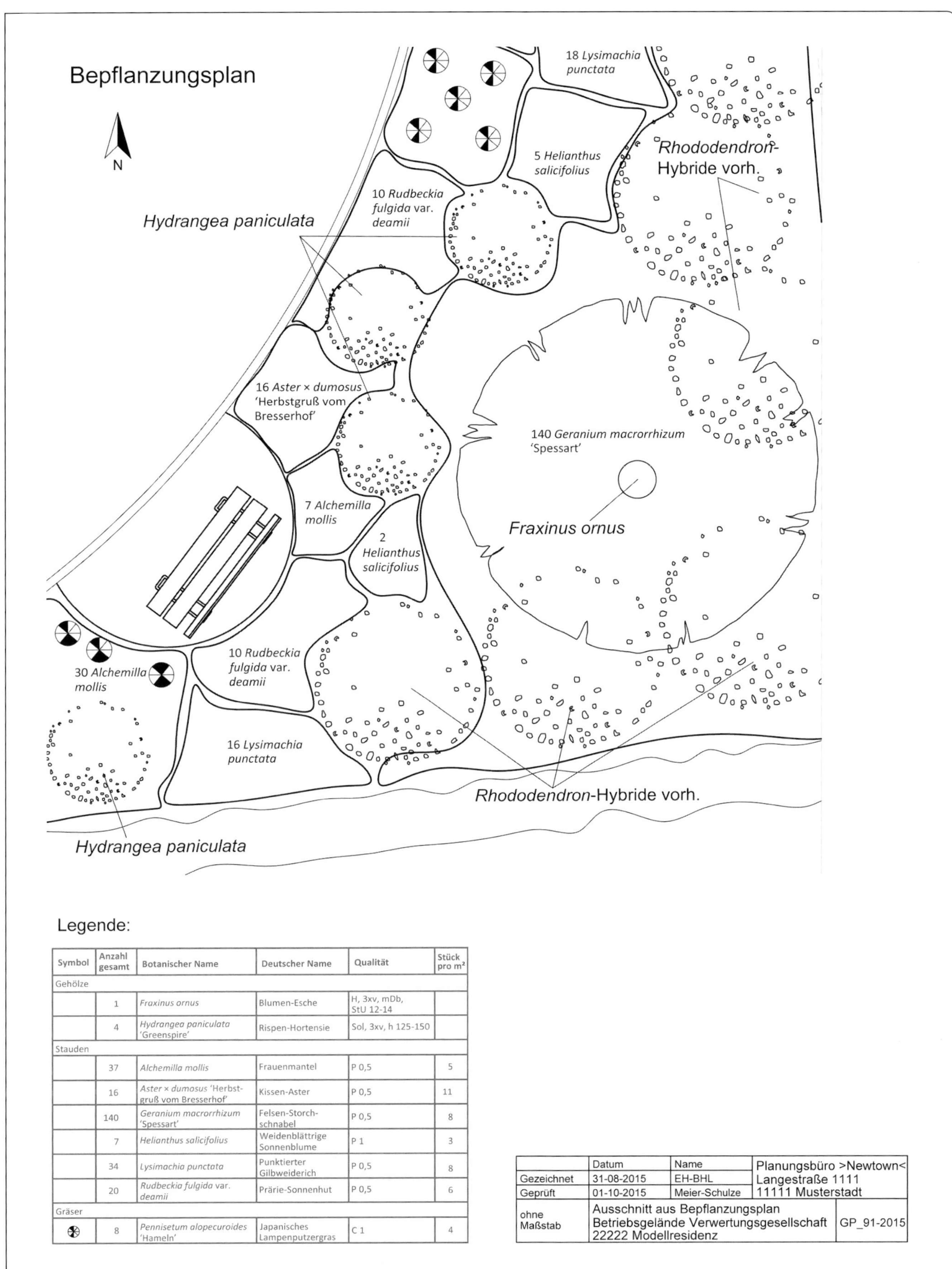

Symbol	Anzahl gesamt	Botanischer Name	Deutscher Name	Qualität	Stück pro m²
Gehölze					
	1	*Fraxinus ornus*	Blumen-Esche	H, 3xv, mDb, StU 12-14	
	4	*Hydrangea paniculata* 'Greenspire'	Rispen-Hortensie	Sol, 3xv, h 125-150	
Stauden					
	37	*Alchemilla mollis*	Frauenmantel	P 0,5	5
	16	*Aster × dumosus* 'Herbstgruß vom Bresserhof'	Kissen-Aster	P 0,5	11
	140	*Geranium macrorrhizum* 'Spessart'	Felsen-Storchschnabel	P 0,5	8
	7	*Helianthus salicifolius*	Weidenblättrige Sonnenblume	P 1	3
	34	*Lysimachia punctata*	Punktierter Gilbweiderich	P 0,5	8
	20	*Rudbeckia fulgida* var. *deamii*	Prärie-Sonnenhut	P 0,5	6
Gräser					
⊛	8	*Pennisetum alopecuroides* 'Hameln'	Japanisches Lampenputzergras	C 1	4

Abb. 4.3-6: Ausschnitt aus einer Bepflanzungsplanung.

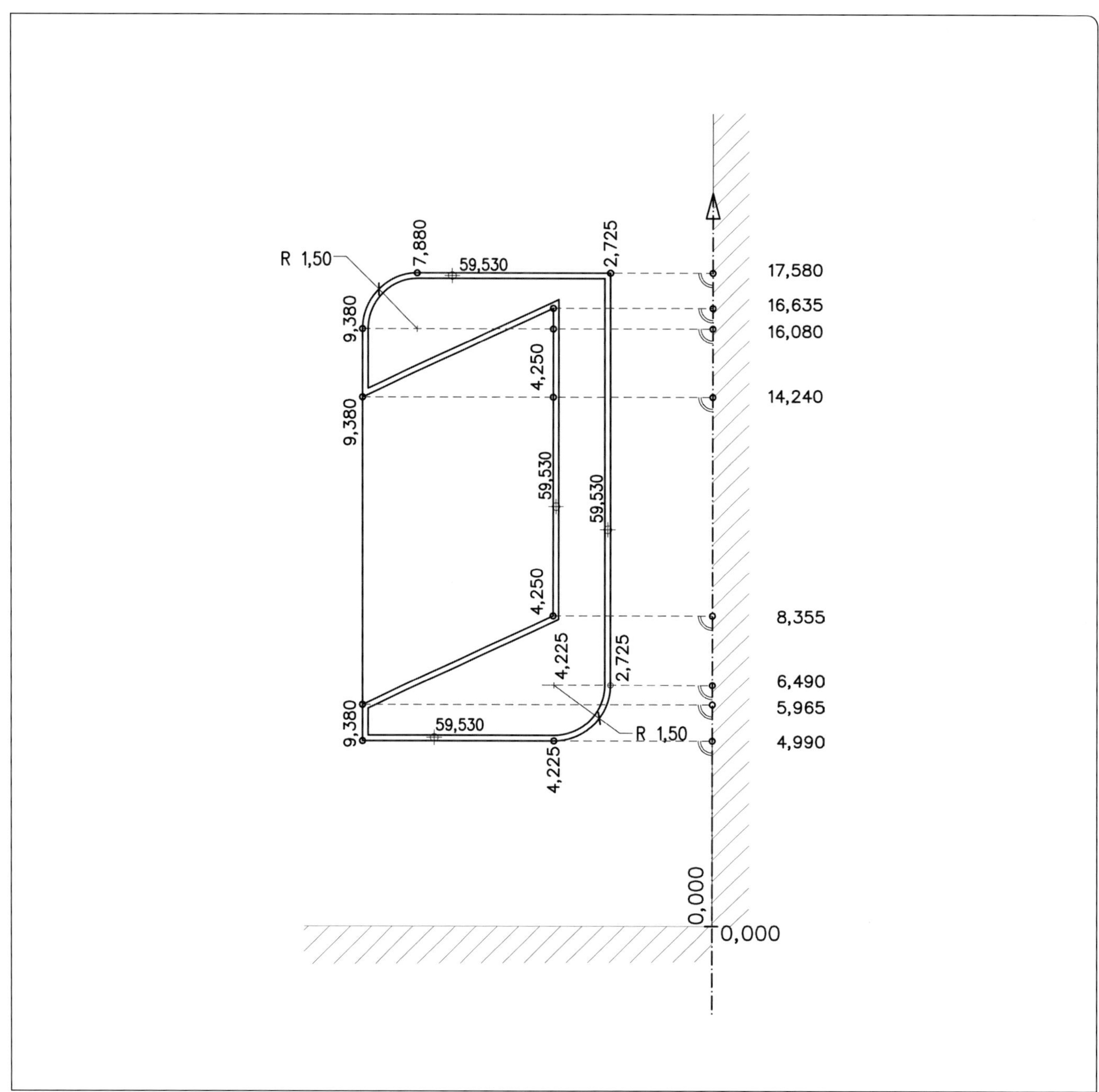

Abb. 4.4-1: Absteckplan – Einstellplätze Nebeneingang (siehe Entwurf – Abb. 3.2-1, Ausführungsplan (Ausschnitt) – Abb. 3.4-1).

4.4 Absteckplan

Grundlage für die Umsetzung der baulichen Maßnahme vor Ort ist eine eindeutige Lagebestimmung auf dem Gelände (Bestimmung eines Bezugspunktes zu vorhandenen Bauwerken oder anderen Festpunkten) und eine eindeutige Positionierung der zu erstellenden Bauteile in der Fläche. So fordert die DIN EN ISO 11091: „Ausführungszeichnungen müssen ausreichend bemaßt sein, um ein genaues Vermessen und Abstecken zu ermöglichen."

Die Abbildung 4.4-1 zeigt exemplarisch das Einmessen von Stellplätzen. Bezugspunkt/Bezugskante ist das Gebäude.

4.5 Feuerwehrplan

Ein Feuerwehrplan (nach DIN 14095) soll Einsatzleitern und Einsatzkräften der Feuerwehren während eines Einsatzes zur schnellen Orientierung vor Ort dienen. Er enthält Informationen über die Anfahrt auf das Gelände, eine detaillierte Gebäudeübersicht, die Lage der Brandmeldezentrale, mögliche Angriffswege, Aufstellflächen, Löscheinrichtungen, Gefahrenschwerpunkte sowie Ansammlungen von brennbaren Stoffen (Gefahrstofflager, Gastanks, Tankstellen u. Ä.).

Für die Umsetzung dieser Rahmenrichtlinien im Außenbereich (Zufahrten, Aufstellflächen mit Erreichbarkeiten des Schwerlastverkehrs) tragen die Gewerke Garten- und Landschaftsbau sowie der Tiefbau die Verantwortung.

Ein Feuerwehrplan muss für wichtige Schutzobjekte erstellt werden. Dazu zählen:

- besondere Personengruppen (Altenheime, Krankenhäuser, Pflegeheime und Anstalten),
- Menschenansammlungen (Versammlungsstätten, Verkaufsstätten, Schulen, Hotels, Kinos) und für Baudenkmäler und Museen.

Städte und Gemeinden fordern häufig zwingend die Aufstellung von qualifizierten Feuerwehrplänen. Auf Schwarz-Weiß-Darstellungen wird aufgrund der Relevanz und damit der Erkennbarkeit fast ausnahmslos verzichtet, hier sind farbige Darstellungen obligatorisch. Gemäß DIN 14095 sind allgemeine Anforderungen formuliert, die auch aus anderen Regelwerken bekannt sind.

Grundsätzliche Anforderung
Abhängig von den örtlichen Gegebenheiten enthält ein Feuerwehrplan einen Ortslageplan, eine Objektbeschreibung, einen Gesamtübersichtsplan, einen Objektplan und eventuell notwendige Detailpläne.

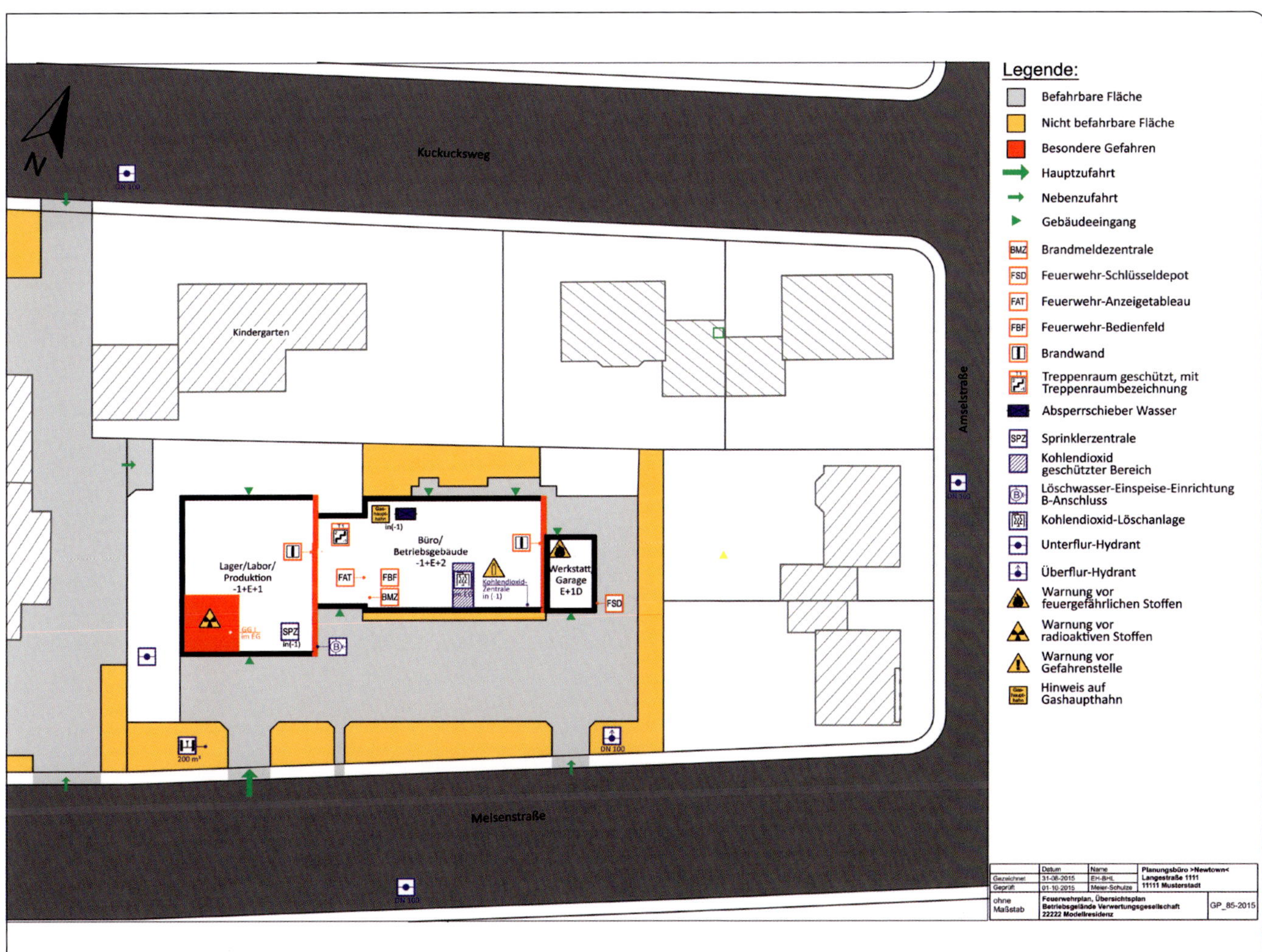

Abb. 4.5-1: Feuerwehrplan – Übersichtsplan. Feuerwehrpläne für Schutzobjekte müssen gut handhabbar sein und sollten deshalb in einem Papierformat DIN A3 erstellt werden. Wände, die Gebäudeumrisse und Brandabschnitte begrenzen, sind durch größere Strichstärken deutlich hervorzuheben:

- 0,80 mm Strichstärke – Außen- und Brandwände, Treppenräume, öffentliche Verkehrsflächen,
- 0,50 mm Strichstärke – benachbarte bauliche Anlagen,
- 0,35 mm Strichstärke – Grundstücksgrenzen, Symbole, Bezugslinien.

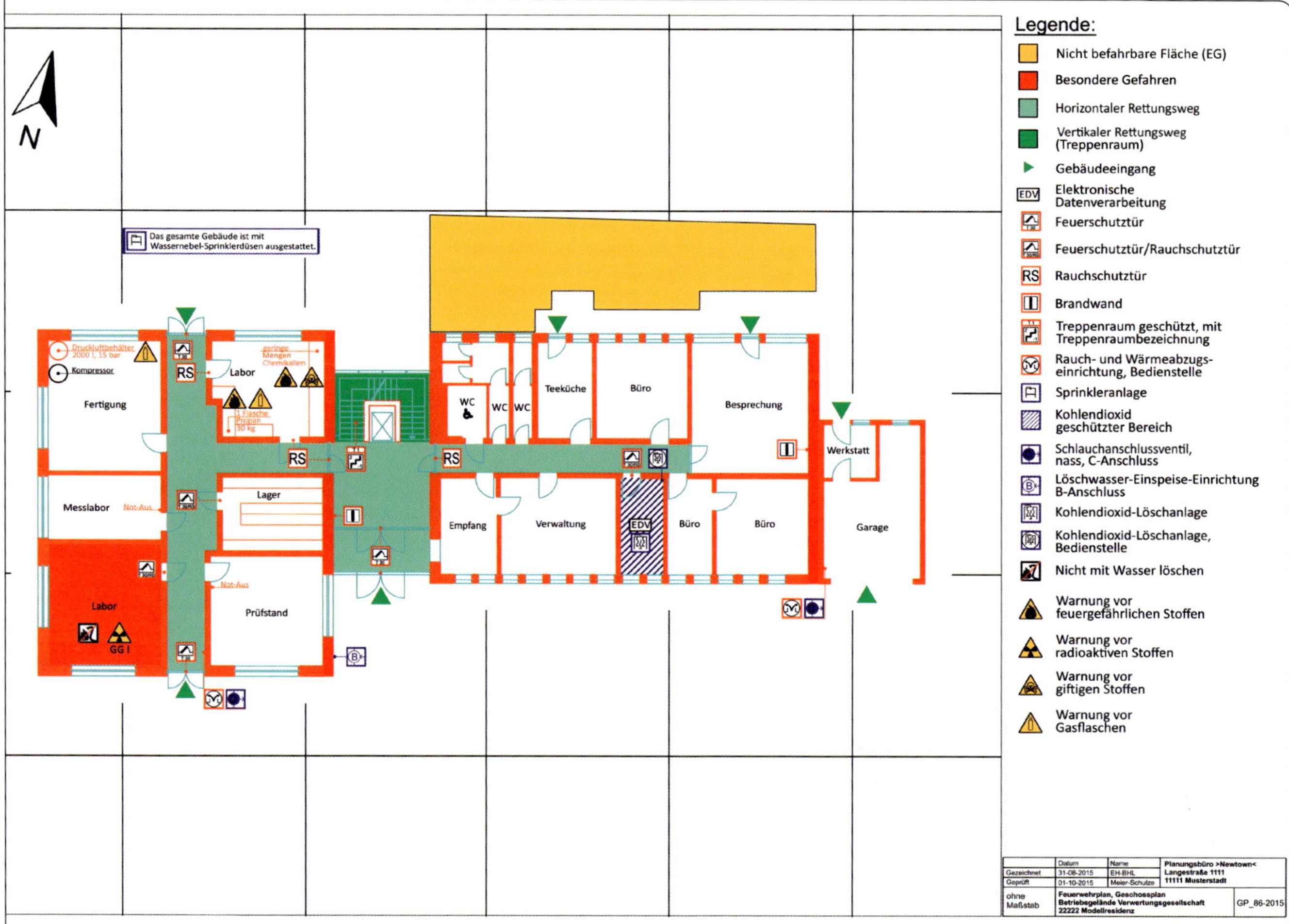

Abb. 4.5-2: Feuerwehrplan – Geschossebenenplan. Geschosse oder Einzelpläne und gegebenenfalls auch Übersichtspläne für Schutzobjekte werden in den Maßstäben 1 : 100, 1 : 200 und 1 : 500 dargestellt, sie sind mit einem Raster zu versehen, der Abstände von jeweils 10 bzw. 20 m erkennen lässt.

Ein Gesamtübersichtsplan (siehe Abb. 4.5-1) verfügt über die zur Durchführung erster einsatztaktischer Maßnahmen notwendigen Informationen. Er muss deshalb mindestens folgende Angaben enthalten:

- die Darstellung der baulichen Anlage, die Bezeichnung der Gebäude und Anlagenteile (ortsüblich oder betriebsintern), einschließlich der Anzahl der Geschosse,
- den Hauptzugang bzw. die Hauptzufahrt zum Objekt,
- die befahrbaren Flächen, Flächen für die Feuerwehr nach DIN 14090 und anderer Verordnungen,
- angrenzende und benachbarte Gebäude und deren Nutzung,
- die Standorte der Brandmeldezentrale (BMZ), des Feuerwehrbedienfeldes (FB), des Feuerwehrschlüsseldepots (FD), der Brandmeldeanlage (BMA), des Freischaltelements (FSE), der Blitzleuchte, gegebenenfalls des Lagetableaus sowie Wasserentnahmestellen.

Textgestaltung und Textfelder

- Textliche Angaben müssen in Normalschrift gut lesbar sein (Mindestschrifthöhe: 2,2 mm).
- Im Normalfall wird der Text direkt eingetragen. Ist dies nicht möglich, so können Texte mit einer Bezugslinie nach außen verlagert werden oder von einem Kreis umrandete Ziffer eingetragen werden. Eine nebenstehende Legende zur Erklärung ist dann zwingend erforderlich.

Grafische Symbole

Eine Vielzahl von Informationen ist im Einsatzplan durch grafische Symbole nach DIN 14034-2 und DIN 14034-6 unmissverständlich darzustellen. Mittels einer Legende auf dem jeweiligen Plan sind die Symbole zu erklären – ein eigenes Legenden-Blatt kann verwendet werden. Die Größe der Symbole ist dem jeweiligen Planformat anzupassen.

Farben

Schwarzweiß- und/oder Grauwertdarstellungen sind mit den heutigen Darstellungstechniken der CAD nicht mehr üblich. Aufgrund einer besseren Übersichtlichkeit sind in

Feuerwehrplänen grundlegend folgende Farben zu verwenden:
- **Blau:** für Hydranten, Sprinklerzentralen und sonstige Löschwassereinrichtungen.
- **Grün:** für Wege und Flächen, die der Feuerwehr den Zugang zum Objekt ermöglichen.
- **Rot:** für Räume und Flächen mit erhöhter Brandgefahr.
- **Gelb:** für nicht befahrbare Flächen.
- **Grau:** für befahrbare Flächen nach DIN 14090 (Flächen für die Feuerwehr auf Grundstücken).

Ein Objektplan (siehe Abb. 4.5-2) ist immer dann erforderlich, wenn aus Platzgründen eine Vielzahl von Informationen und Details im Übersichtsplan nicht mehr eingetragen werden kann. Er enthält beispielsweise zusätzlich detailliertere Informationen, wie
- die Anzahl und gegebenenfalls die Bezeichnung von Voll- und Untergeschossen, mit Zugängen und Notausgängen, Treppen, Treppenräumen, erreichbaren Geschossen,
- Aufzüge, Feuerwehraufzüge, Fahrtreppen, besondere Angriffs- und Rettungswege (z. B. Fluchttunnel),
- Öffnungen in Wänden und Decken mit Feuerwiderstand (z. B. Brandwände),
- Bedienstellen von Rauch- und Wärmeabzugseinrichtungen (RWA),
- Steigleitungen (Löschwasserversorgung für die Feuerwehr im Gebäude nass und/oder trocken), Einspeisung für die Feuerwehr, ortsfeste Löschanlagen mit Angabe der Art und Menge der Löschmittel sowie zur Lage der Löschzentrale (z. B. Sprinklerzentrale),
- Bereiche der Löschwasser- Rückhalteeinrichtungen (Lage der Bedienstellen, Sperren, Verschlussmittel), Zonen mit erhöhter Brandgefahr (Lager brennbarer Flüssigkeiten, Gaslager), besondere Gefahrenbereiche (radioaktive Strahler, Explosivstoffe, Gifte etc.).

4.6 Maßordnungen im Hochbau

In der DIN 4172 „Maßordnung im Hochbau“ sind Baurichtmaße festgelegt. Das sind theoretische Werte, die die Grundlage für die in der Praxis vorkommenden Baumaße bilden. Sie sind die Basis für die handelsüblichen Steinformate.

Neben dem Baurichtmaß unterscheidet man Nennmaße, Rohbaumaße und Ausbaumaße:
- Nennmaß – Maß für die Bauten. Es wird in die Bauzeichnungen eingetragen. Bei Bauarten ohne Fuge (z. B. Stahlbetonbau) ist das Nennmaß gleich dem Baurichtmaß. Bei Bauarten mit Fuge ergeben sich die Nennmaße aus dem Baurichtmaß abzüglich einer Fugenbreite.
- Rohbaumaß – Maße, die sich auf den Rohbau beziehen (z. B. Mauerwerksmaße, Höhenkote Stahlbetondecke etc.).
- Ausbaumaß – Maße, die das fertige Bauwerk betreffen (z. B. Höhenkote des fertigen Fußbodens).

Die Abbildungen 4.6-1 und 4.6-2 mit den angegebenen Tabellen helfen bei der Planung und Bemaßung von Mauerwerkskonstruktionen.

Zur Vermeidung von Unstimmigkeiten über die Qualität der Ausführung zwischen dem Bauherrn und den Bauunternehmern definiert die DIN 18202 Toleranzen für Bauwerke (Wände, Stützen etc.).

Baurichtmaß
Im Mauerwerksbau ergibt sich das Baurichtmaß aus dem Nennmaß und der Fuge (siehe Abb. 4.6-1 und 4.6-2).

Baurichtmaß	**=**	**Nennmaß**	**+**	**Fuge**
25 cm	**=**	**24 cm**	**+**	**1 cm**

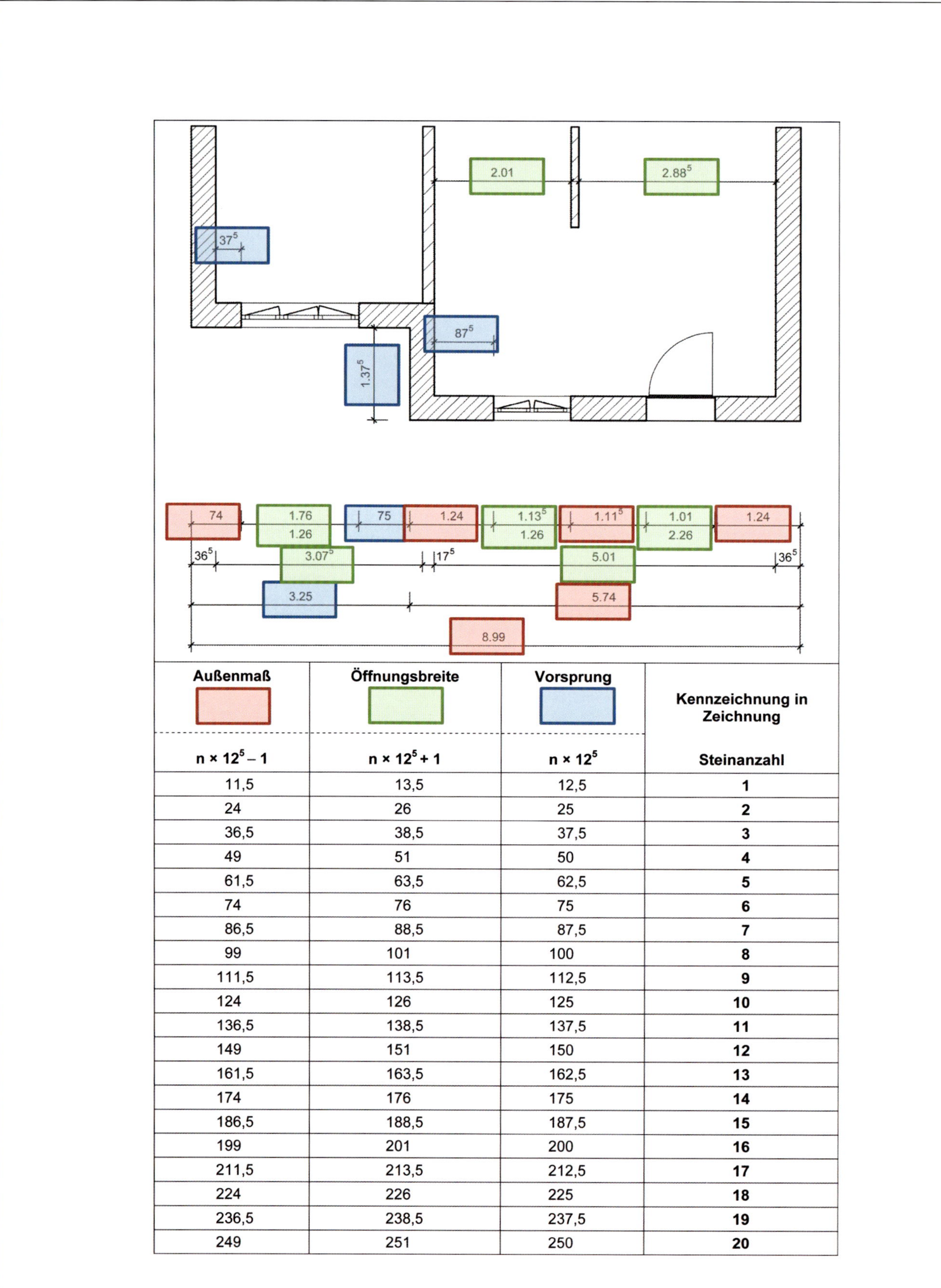

Außenmaß	Öffnungsbreite	Vorsprung	Kennzeichnung in Zeichnung
n × 12^5 – 1	n × 12^5 + 1	n × 12^5	**Steinanzahl**
11,5	13,5	12,5	**1**
24	26	25	**2**
36,5	38,5	37,5	**3**
49	51	50	**4**
61,5	63,5	62,5	**5**
74	76	75	**6**
86,5	88,5	87,5	**7**
99	101	100	**8**
111,5	113,5	112,5	**9**
124	126	125	**10**
136,5	138,5	137,5	**11**
149	151	150	**12**
161,5	163,5	162,5	**13**
174	176	175	**14**
186,5	188,5	187,5	**15**
199	201	200	**16**
211,5	213,5	212,5	**17**
224	226	225	**18**
236,5	238,5	237,5	**19**
249	251	250	**20**

Abb. 4.6-1: Maßordnung, Längenmaße in cm.

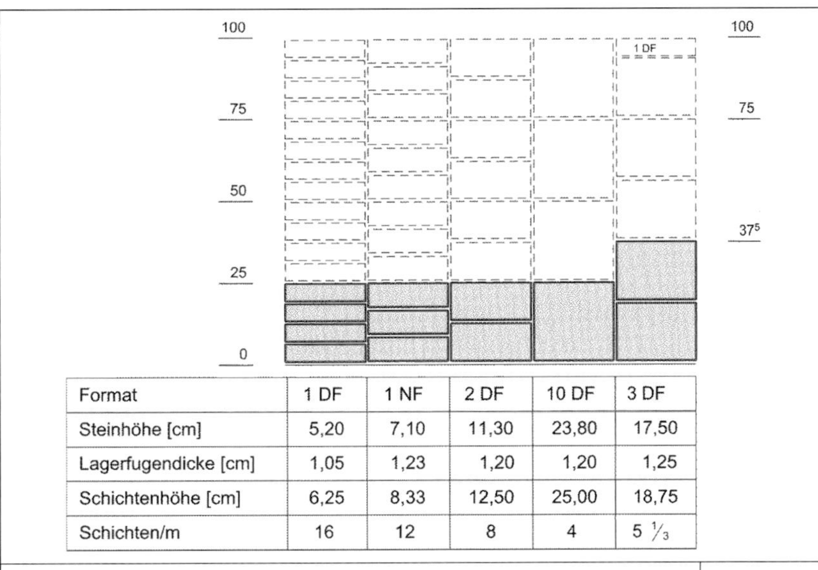

Format	1 DF	1 NF	2 DF	10 DF	3 DF
Steinhöhe [cm]	5,20	7,10	11,30	23,80	17,50
Lagerfugendicke [cm]	1,05	1,23	1,20	1,20	1,25
Schichtenhöhe [cm]	6,25	8,33	12,50	25,00	18,75
Schichten/m	16	12	8	4	5 ⅓

Steinhöhe [cm]				**Schichten-anzahl**
1 DF	**1 NF**	**2 DF bis 6 DF**	**≥ 8 DF**	
5^2	**7^1**	**11^3**	**23^8**	
$n \times (5^2 + 1^{05})$	$n \times (7^1 + 1^{33})$	$n \times (11^3 + 1^2)$	$n \times (23^8 + 1^{20})$	
6,25	8,33	12,50	25,00	**1**
12,50	16,67	25,00	50,00	**2**
18,75	25,00	37,50	75,00	**3**
25,00	33,00	50,00	100,00	**4**
31,25	41,67	62,50	125,00	**5**
37,50	50,00	75,00	150,00	**6**
43,75	58,33	87,50	175,00	**7**
50,00	66,66	100,00	200,00	**8**
56,25	75,00	112,50	225,00	**9**
62,50	83,33	125,00	250,00	**10**
68,75	91,66	137,50	275,00	**11**
75,00	100,00	150,00	300,00	**12**
81,25	108,33	162,50	325,00	**13**
87,50	116,66	175,00	350,00	**14**
93,75	125,00	187,50	375,00	**15**
100,00	133,33	200,00	400,00	**16**
106,25	141,66	212,50	425,00	**17**
112,50	150,00	225,00	450,00	**18**
118,75	158,33	237,50	475,00	**19**
125,00	166,66	250,00	500,00	**20**
131,25	175,00	262,50	525,00	**21**
137,50	183,40	275,00	550,00	**22**

Abb. 4.6-2: Maßordnung, Höhenmaße in cm. Das Schichtenmaß ergibt sich aus Steinhöhe und Fugenhöhe.

4.7 Gliederung und Benennung von Layern für CAD

Die Technische Planung von Bauwerken oder Freianlagen ist Kommunikation von A bis Z. Das bedingt nicht nur eine übersichtliche Gestaltung der Pläne mit standardisierten Linien, Symbolen und Schraffuren in den einzelnen Darstellungen, sondern auch einen gut sortierten Bauordner mit den gefalteten Plänen, der Leistungsbeschreibung, dem Schriftverkehr etc. Das moderne Büro wird zukünftig den „Ordner im Regal“ immer häufiger durch die neuen digitalen Medien ersetzen. Die computergestützte Erstellung von Plänen ist inzwischen der Normalfall. Immer häufiger werden Dateien statt Planunterlagen verschickt. Das setzt neben kompatiblen Dateiformaten auch gut verständliche und einheitliche Strukturen in den CAD-Dateien voraus.

Wichtige grundlegende Begriffe

CAD-Modell: Ein mit einer Software auf einem Computer erstelltes Bauwerk, Außenanlage etc. in seiner Gesamtheit wird als CAD-Modell bezeichnet. Es ist ein strukturierter Datenbestand, der für die Bearbeitung tiefergehend gegliedert ist. Modelle können zwei- oder dreidimensional erstellt werden.

Layer: Ein Layer ist ein Strukturelement zum Gliedern eines CAD-Datenbestandes. Unterschiedliche Daten können durch das Nutzen von Layern gezielt verwaltet und gesteuert werden (z. B. Ein- und Ausblenden auf dem Bildschirm, Ein- und Ausblenden für das Plotten). Weitere Synonyme sind Folien, Ebenen etc.

CAD-Zeichnung: Ausgewählte Teile oder Ausschnitte des CAD-Modells, die auf Papier oder auf dem Bildschirm dargestellt werden.

Plott: Ausgabe einer CAD-Zeichnung durch ein geeignetes Druckmedium.

Ziel der internationalen Norm DIN EN ISO 13567-2 (Teil 1: Übersicht und Grundlagen, Teil 2: Ordnungsmerkmale, Aufbau und Kennungen für die Dokumentation im Bauwesen) ist es, eine gemeinsame Basis für die Gliederung und Anwendung von Daten in CAD-Systemen zu schaffen. Diese strukturgebenden Parameter liefern Standards für Nutzer unterschiedlicher CAD-Systeme, aber auch Standards für Projektbeteiligte aus verschiedenen Ländern. Sie unterstützen die Verständigung und einen reibungslosen Datenaustausch. Außerdem legen sie Verantwortungsbereiche für die Verwaltung von Bauprojekten fest.

Grundlagen des Layer-Namens, Aufbau und Kennung

Die DIN EN ISO 13567-2 empfiehlt einen sehr stringenten Aufbau der Kennungen für Layer-Namen, damit sowohl für den Anwender als auch für den Computer die Bezeichnungen leicht verständlich und problemlos lesbar sind.

Dazu zählen (siehe Abb. 4.7-1):

- Anwendung einer festgelegten Anzahl an Schreibstellen,
- zweckgebundene Reservierung von Kennungen,
- projektspezifische Erweiterungen der Kennung,
- Aufteilung der Layer-Namen in Felder mit obligatorisch anzuwendenden Angaben und – wahlweise – projektspezifischen Angaben.

Die Kennungen sind eine alphanummerische Kombination. Sie bestehen aus Buchstaben (A–Z) und Zahlen (0–9). Zusätzlich sind die Sonderzeichen Mittestrich „-“ und Unterstrich „_“ zugelassen. Wird eine Schreibstelle nicht belegt, so ist für sie das Zeichen Unterstrich „_“ einzutragen.

Für das Belegen der einzelnen Zeichen sieht die Norm in Abschnitt 6 und 7 eine Liste von Abkürzungen vor. Die wichtigsten Kurzzeichen sind in Tabelle 4.7-1 zusammengestellt.

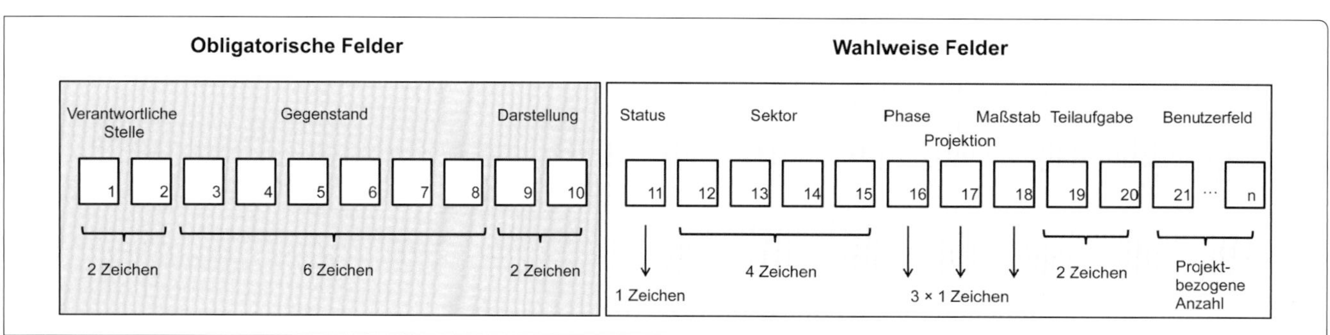

Abb. 4.7-1: Layer-Namen – obligatorische und wahlweise Felder.

Tab. 4.7-1: Zusammenstellung von ausgewählten Kurzzeichen

Ordnungsmerkmal	Format und Kennung	
Verantwortliche Stelle	A	Architekt
	T	Tragwerksplaner
	_ _ (2 × Unterstrich)	Hersteller von Katalogen
Darstellung (modellbezogen)	M	Modell
	T	Text
	H	Schraffur
	D	Bemaßung
	G	Raster
	C	Hilfslinien
Darstellung (layoutbezogen)	P	Zeichnungsträger
	B	Rahmen, Rand
	V	Text
	L	Zeichenerklärung, Legende
	S	Listen
Status	- (Mittestrich)	Gesamtprojekt
	N	Neue Arbeiten
	E	bleibt bestehen
	R	wird beseitigt
	T	Zeitlich begrenzte Arbeit
Projektion	0	Grundriss
	1	Ansichten
	2	Schnitte
	3	Ansichten

Das folgende Anwendungsbeispiel (Kasten) soll die allgemeingültige Zeichenbelegung aus Abbildung 4.7-1 und Verwendung der Kurzzeichen aus Tabelle 4.7-1 näher erläutern.

Die Anwendung dieser Vorgaben führt zu sehr langen Bezeichnungen. Sofern nicht länderübergreifend gearbeitet wird oder kein digitaler Datenaustausch mit Behörden oder anderen Projektbeteiligen stattfindet, kann die Struktur des Layermanagers nach benutzerspezifischen Kriterien erfolgen. Einheitliche bürointerne Vorgaben sind dennoch zu empfehlen, damit der Datenaustausch auch auf der kleinsten Ebene reibungslos funktionieren kann.

Eine Gruppierung nach Bauteilen, Texten, Bemaßung etc. erleichtert den Umgang mit der Software und führt zu einer effektiveren Arbeitsweise. In Anlehnung an die DIN 276-1 ist auch eine Gruppierung in Anlehnung an die Kostengliederung nach Kostengruppen und Bauteilen denkbar. Eine Vernetzung zwischen Planung und Abrechnung kann so unterstützt werden.

Anwendungsbeispiel

Der Layer trägt die Bezeichnung (siehe Abb. 4.7-1):

A_51____D2T01U_122AA_

Stellen 1–2:	A_ (Architekt)
Stellen 3–8:	51____ (befestigte Fahrbahn – 51 Unterbau)
Stellen 9–10:	D2 (Maßeintragung)
Stelle 11:	T (zeitlich begrenzt)
Stellen 12–15:	01U_ (Bereich Zufahrt – 01, Unterbau – U_)
Stelle 16:	1 (Vorbereitung)
Stelle 17:	2 (Schnitt)
Stelle 18:	2 (Maßstab 1 : 5)
Stellen 19–20:	AA (nationale oder Gewerke spezifische Kennung)
Stellen ab 21:	_ (hier entfällt)

4.8 Beispiele studentischer Arbeiten im Lehrbereich „Technisches Zeichnen“

Mit den folgenden Beispielen studentischer Arbeiten werden Schwerpunktaufgaben in dem Modul „Ausführungsplanung“ dargestellt, die den bisher formulierten Ansprüchen der Normenregelung entsprechen. Es sei hier nochmals festgehalten: Ein Mehr an Zeichnungsinformationen geht immer, eine Norm stellt lediglich die Minimalanforderung dar (siehe Kap. 1).

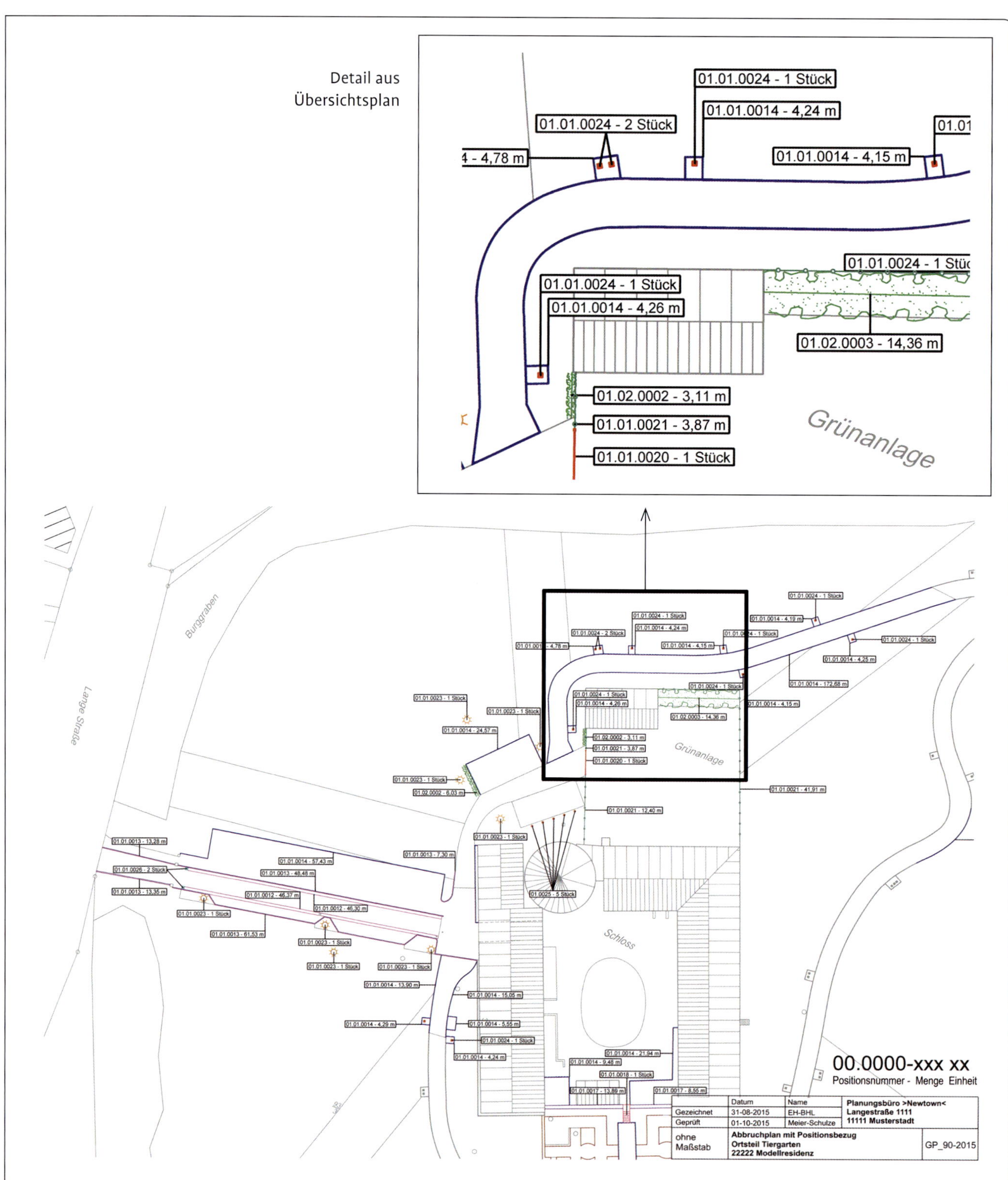

Abb. 4.8-1: Bestandsplan mit Abbruchplan und Zuordnung zu Leistungspositionen im Rahmen einer Leistungsbeschreibung. Der Vorteil liegt hier bei der eindeutigen Zuordnung und schnellen Erfassung von Mengenangaben und damit Kostenermittlungen (Kostenanschlag) nach DIN 276 (Quelle: S. Kleemann).

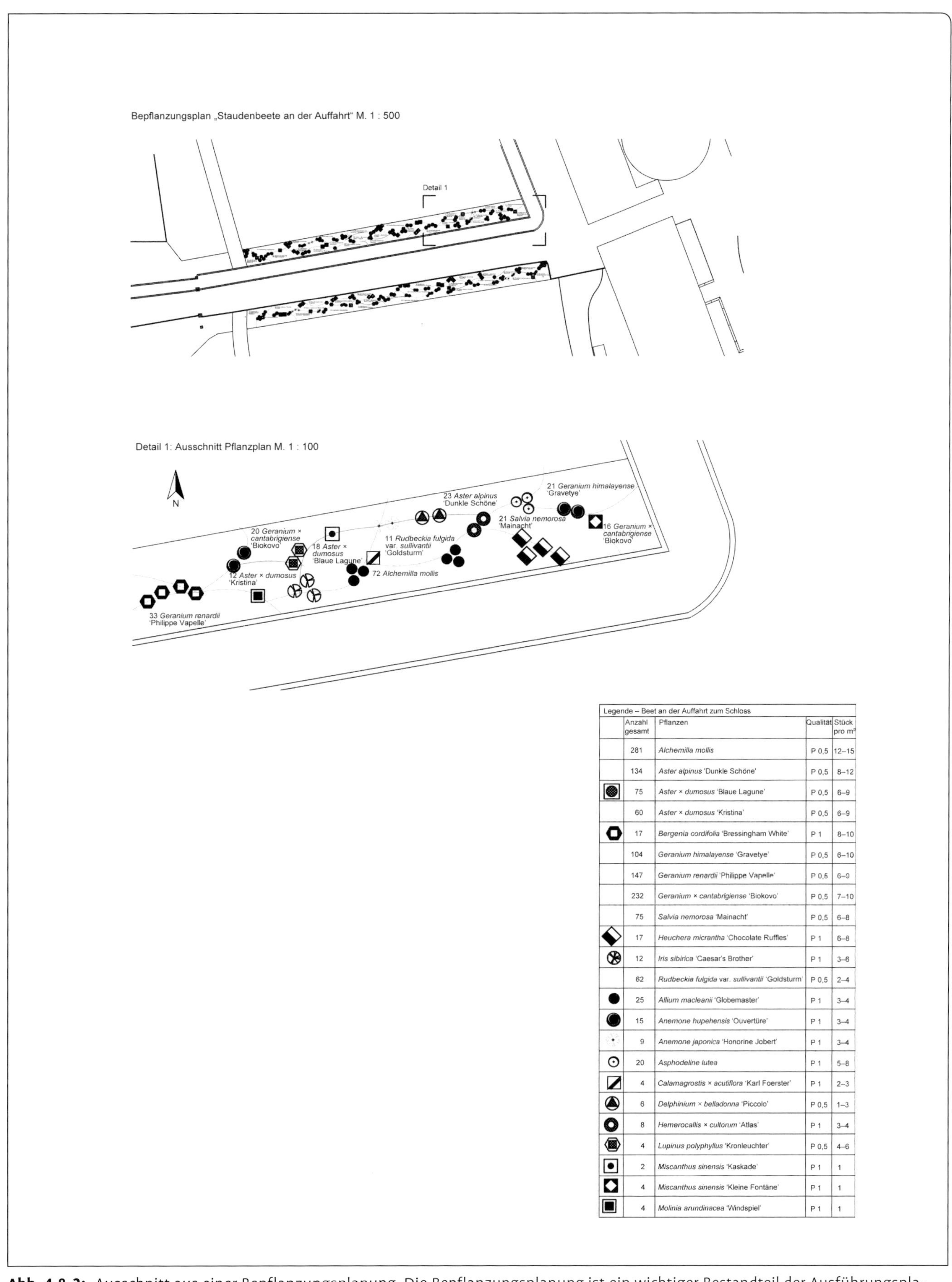

Legende – Beet an der Auffahrt zum Schloss

	Anzahl gesamt	Pflanzen	Qualität	Stück pro m²
	281	*Alchemilla mollis*	P 0,5	12–15
	134	*Aster alpinus* 'Dunkle Schöne'	P 0,5	8–12
	75	*Aster × dumosus* 'Blaue Lagune'	P 0,5	6–9
	60	*Aster × dumosus* 'Kristina'	P 0,5	6–9
	17	*Bergenia cordifolia* 'Bressingham White'	P 1	8–10
	104	*Geranium himalayense* 'Gravetye'	P 0,5	6–10
	147	*Geranium renardii* 'Philippe Vapelle'	P 0,5	6–9
	232	*Geranium × cantabrigiense* 'Biokovo'	P 0,5	7–10
	75	*Salvia nemorosa* 'Mainacht'	P 0,5	6–8
	17	*Heuchera micrantha* 'Chocolate Ruffles'	P 1	6–8
	12	*Iris sibirica* 'Caesar's Brother'	P 1	3–6
	62	*Rudbeckia fulgida* var. *sullivantii* 'Goldsturm'	P 0,5	2–4
	25	*Allium macleanii* 'Globemaster'	P 1	3–4
	15	*Anemone hupehensis* 'Ouvertüre'	P 1	3–4
	9	*Anemone japonica* 'Honorine Jobert'	P 1	3–4
	20	*Asphodeline lutea*	P 1	5–8
	4	*Calamagrostis × acutiflora* 'Karl Foerster'	P 1	2–3
	6	*Delphinium × belladonna* 'Piccolo'	P 0,5	1–3
	8	*Hemerocallis × cultorum* 'Atlas'	P 1	3–4
	4	*Lupinus polyphyllus* 'Kronleuchter'	P 0,5	4–6
	2	*Miscanthus sinensis* 'Kaskade'	P 1	1
	4	*Miscanthus sinensis* 'Kleine Fontäne'	P 1	1
	4	*Molinia arundinacea* 'Windspiel'	P 1	1

Abb. 4.8-2: Ausschnitt aus einer Bepflanzungsplanung. Die Bepflanzungsplanung ist ein wichtiger Bestandteil der Ausführungsplanung in der Landschaftsarchitektur, eine originäre planerische Aufgabe des Garten- und Landschaftsarchitekten, in der konkreten Umsetzung vor Ort auch für den Garten- und Landschaftsbauer (Quelle: C. Zurhake).

Schlosshain Diepholz I – eine historische Anlage im modernen Gewand

Bepflanzungskonzept Staudenbeet an der Auffahrt unter dem Motto „Ein kontrastreiches Blütenmeer"

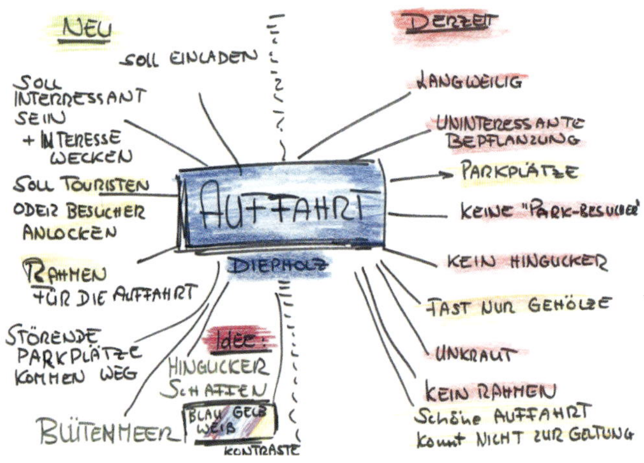

Ziele und Maßnahmen

Ziel der Neugestaltung ist es, die Auffahrt durch die Neubepflanzung einladender und vor allem moderner zu gestalten, um auch andere Personengruppen, die nicht im Amtsgericht arbeiten, anzusprechen und einzuladen, die Schlossinsel zu entdecken.

Derzeit befinden sich direkt an der Auffahrt die Hauptparkmöglichkeiten für die Besucher und Mitarbeiter des Amtsgerichts. Durch den Parkplatz und die eher lieblose, zweckmäßige Bepflanzung geht der eigentliche Charme der langen Auffahrt mit dem Blick zum Schloss und dem Torbogen, der in den Innenhof führt, verloren. Der Besucher erblickt bei dem Blick über den Burggraben und durch die Zufahrt lediglich eine große graue Pflasterfläche, viele Autos und keinerlei Bepflanzung, die einem Besucher auffallen würde.

Aufgrund des verlorengegangenen Charmes der Schlossinsel, soll diese Parkplatzsituation daher in den hinteren Bereich verlegt und die Bepflanzung an der Auffahrt komplett neu und modern gestaltet werden, um so auch das Interesse von anderen Menschengruppen zu wecken, die sonst lediglich an der unauffälligen langweiligen Schlossinsel vorbeifahren würden. Damit die Schlossinsel also in Zukunft direkt ins Auge fallen und somit für Anwohner und Touristen mehr zur Geltung kommen kann, soll hier nun eine aspektvolle und interessante Staudenpflanzung in den Bereichen an der Auffahrt entstehen. Vor allem durch die Verlegung der Parkplätze vom Einfahrts- in den hinteren Bereich, kann nun der Aspekt auf die Bepflanzung gelegt werden, die den Blick in Richtung des Schlosses lenken soll.

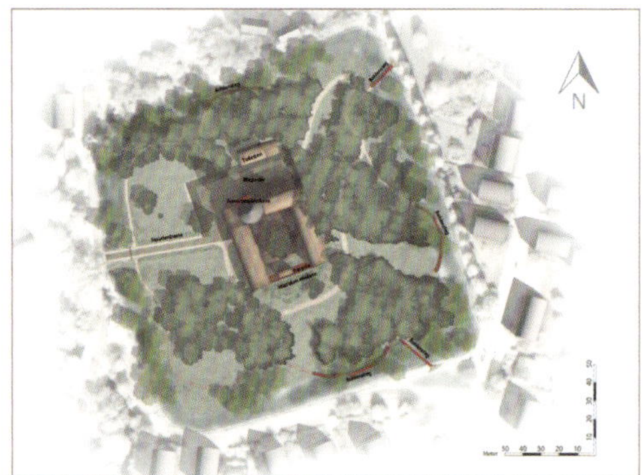

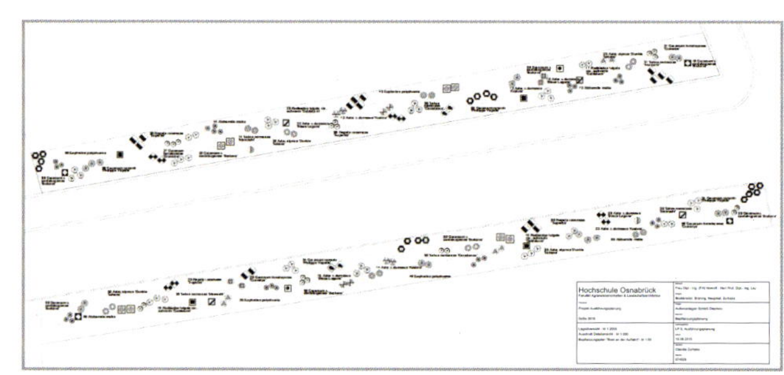

Quellenangaben:
Abbildungen und Fotos: Stadt Diepholz; Skizzen von Claudia Zurhake
Entwurfsplan: Studiengang Freiraumplanung, Gewinner des Projekts „Entwurf": Jacobs, Lumma, Jelenic, Knoll, Deventer
Weiterführende Literatur: Bruns-Pflanzenkatalog; Foerster Kompendium; Staudenfibeln; „Pflanzenverwendung– Das Gestaltungsbuch" von Wolfgang Borchardt

B e p f l a n z u n g s k o n z e p t

Hochschule Osnabrück I SS 2015 I Ingenieurwesen im Landschaftsbau I 6. Semester I
Projekt „Ausführungsplanung" I Gruppe 4
Betreuer: Lay, Hornoff, Bouillon, Bleckmann, Brückner
Bearbeitung durch Claudia Zurhake

Abb. 4.8-3: Plakatausschnitt (Teil A) der Bepflanzungsplanung (siehe Abb. 4.8-2) für eine öffentliche Präsentation – die Teile A bis C sind im Original ein Plakat im Format A0 (Quelle: C. Zurhake).

Schlosshain Diepholz I – eine historische Anlage im modernen Gewand

Bepflanzungskonzept Staudenbeet an der Auffahrt unter dem Motto „Ein kontrastreiches Blütenmeer“

Staudenbeete an der Auffahrt - Blütezeitenkalender

Pflanzenbezeichnung		Höhe in cm	I	II	III	IV	V	VI	VII	VIII	IX	X	XI	XII	Besonderheiten
Bepflanzung an der Auffahrt							**Bodendecker**								
Alchemilla mollis	Frauenmantel	35													Horstartig; guter Flächendecker; starkwüchsig; Blätter rundlich, handförmig gelappt
Aster alpinus 'Dunkle Schöne'	Garten-Alpen-Aster	20													Sommeraster; gute Sorte
Aster × dumosus 'Kristina'	Garten-Kissen-Aster	30													Herbstaster; guter Flächenbegrüner durch starke Rhizombildung; intensive Blütenfarbe
Aster × dumosus 'Blaue Lagune'	Garten-Kissen-Aster	30													Herbstaster; weiße Blüten
Bergenia cordifolia 'Bressingham White'	Garten-Riesensteinbrech	30													Blattschmuckstaude; immergrün; bodendeckend; Herbstfärbung
Euphorbia polychroma	Gold-Wolfsmilch	40													Buschig aufrecht; vieltriebig; blütenähnliche Hochblätter; lange blühend
Geranium himalayense 'Gravetye'	Garten-Storchschnabel	35													Locker flächig; kurze Ausläufer; Herbstfärbung
Geranium renardii 'Philippe Vapelle'	Kaukasus-Storchschnabel	30													Blätter graugrün; Blüten mit dunkler Aderung
Geranium × cantabrigiense 'Biokovo'	Cambridge-Garten-Storchschnabel	20													Wintergrüne, dichte Teppiche bildend; Blätter aromatisch duftend; sehr wertvoll
Nepeta racemosa 'Superba'	Katzenminze	25													
Salvia nemorosa 'Caradonna'	Garten-Salbei	20/50													
Salvia nemorosa 'Mainacht'	Garten-Salbei	30/50													
Bepflanzung an der Auffahrt							**Begleitstauden**								
Coreopsis grandiflora 'Schnittgold'	Großblümiges Garten-Mädchenauge	60													Großblumig
Hemerocallis × cultorum 'Stella in Purple'	Garten-Taglilie	60													Langlebig
Heuchera micrantha 'Chocolate Ruffles'	Garten-Purpurglöckchen	60													Rotbraunes attraktives Laub
Iris ensata 'Butter and Sugar'	Schwertlilie	60													
Iris ensata 'Caesers Brother'	Schwertlilie	60													
Rudbeckia fulgida var. *sullivantii* 'Goldsturm'	Sonnenhut	60													Goldgelber Massenblüher; kurze Ausläufer; flächig zu verwenden
Bepflanzung an der Auffahrt							**Gerüstbildner**								
Allium macleanii 'Globemaster'	Blumenlauch	80													Aufrecht/ horstbildend; Bienenweide
Anemone hupehensis 'Ouvertüre'	Garten-Herbstanemone	100													Reichblütig
Anemone japonica 'Honorine Jobert'	Garten-Herbstanemone	100													Altbewährte Sorte
Asphodeline lutea	Mittelmeer-Junkerlilie	80													Kurze Ausläufer; Blätter blaugrün; kerzenförmige Blütenstände
Calamagrostis × acutiflora 'Karl Foerster'	Foersters Garten-Reitgras	60/150													Horstig, straff und dicht aufrecht; gelbe Ähren färben sich im Herbst bräunlich orange; strukturstarkes Gras
Coreopsis verticillata	Quirlblättriges Schönauge	60/80													Sehr gute Sorte
Delphinium × belladonna 'Atlantis'	Verzweigter Garten-Rittersporn	100													
Delphinium × belladonna 'Piccolo'	Verzweigter Garten-Rittersporn	100													Ausgezeichnete Sorte
Gypsophila paniculata 'Bristol Fairy'	Gefülltblühendes Garten-Schleierkraut	100													Große gefüllte Blüten
Hemerocallis × cultorum 'Atlas'	Garten-Taglilie	100													Große Blüten
Lupinus polyphyllus 'Fräulein'	Garten-Lupine	100													Blütenkerzen aufrecht
Lupinus polyphyllus 'Kastellan'	Garten-Lupine	100													
Lupinus polyphyllus 'Kronleuchter'	Garten-Lupine	100													
Miscanthus sinensis 'Kaskade'	Garten-Schilf	120/190													Schöne Blüte und Herbstfärbung
Miscanthus sinensis 'Kleine Fontäne'	Garten-Schilf	120													Niedrigere straff aufrechte Form; reichblühend
Molinia arundinacea 'Windspiel'	Garten-Pfeifengras	60/180													Lockere mannshohe Blütenhalme über dichten Blatthorsten; gelbe Herbstfärbung

Bepflanzungskonzept „Ein kontrastreiches Blütenmeer“

Dabei sollen beide Seiten der Auffahrt jeweilig mit denselben Pflanzen bepflanzt werden, sodass sich die Bepflanzung zu den Seiten der Auffahrt jeweils widerspiegelt. Dabei ist wichtig, dass sich die jeweiligen Staudengruppen nicht vollständig über die Auffahrt hinweg spiegeln, damit die Bepflanzung nicht zu abgeschlossen und zu symmetrisch auf den Betrachter wirkt. Zudem wird der Betrachter durch den Gebrauch derselben Staudengruppen links und rechts der Auffahrt unbewusst zum Schloss und dem Torbogen weitergeleitet. Dadurch, dass der Blick über die Staudengruppen schweift und den „Gegenpart“ auf der jeweiligen anderen Seite sucht, wird der Betrachter so immer weiter die Auffahrt hinaufgeführt. Auch durch die unterschiedlichen Größen der Stauden und Staudengruppen wird der Besucher eingeladen, sich wohlzufühlen. In den Randbereichen werden hier noch die Bodendecker und niedrigere Stauden (auch Begleitstauden) gesetzt, die dann zur Beetmitte hin zunehmend größer werden und sowohl von besonderen Gerüststauden als auch von Gräsern gespickt werden. Auch hier wird das Thema des „modernen Gewands“ durch den geschickten Einsatz von Gräsern in Kombination mit unterschiedlichen Stauden aufgenommen. Auch die Auswahl der Stauden, vor allem in Hinblick auf die Blütenfarben und besonderen Aspekte, sollen hier eine Verbindung zum Leitthema der „Anlage im modernen Gewand“ darstellen. Wenn noch vor einigen Jahren viel Wert auf immergrüne Bepflanzung gelegt wurde, so wecken nun Staudenpflanzungen durch bestimmte Farbkombinationen und Größenstaffelungen das Interesse der Betrachter. Außerdem nimmt auch der Aspekt der Pflanzung durch das Jahr hindurch einen großen Stellenwert ein. Wenn zuvor die immergrüne Bepflanzung immer gleich aussah, so wird nun die Kombination unterschiedlicher Arten und Sorten so gewählt, dass im gesamten Jahresverlauf etwas zu sehen ist. Neben immer- und wintergrünen Stauden wie die *Bergenia*, als auch *Geranium renardii* werden frühblühende Arten wie z.B. *Allium*, die die Zeit der Vegetationsruhe der Stauden abdecken, gewählt. Sie werden dann im späten Frühjahr von dem Austrieb anderer Arten, deren Blüte durch den Sommer und dann in den Herbst hinein begleitet. Im Herbst löst dann, neben einigen spätblühenden Herbststauden wie den Anemonen und den Herbstastern, der Blütenaspekt der Gräser die Stauden bis in den Winter hinein ab. Sowohl die Blütenstände von Gräsern als auch von Stauden können im Winter einen tollen Winteraspekt darstellen, sodass die Pflanzung auch dann, wenn sie sich eigentlich in der Vegetationsruhe befindet, noch zu einem Hingucker für die Besucher der Schlossinsel werden kann.

B e p f l a n z u n g s k o n z e p t

Hochschule Osnabrück I SS 2015 I Ingenieurwesen im Landschaftsbau I 6. Semester I
Projekt „Ausführungsplanung“ I Gruppe 4
Betreuer: Lay, Hornoff, Bouillon, Bleckmann, Brückner
Bearbeitung durch Claudia Zurhake

Abb. 4.8-4: Plakatausschnitt (Teil B) der Bepflanzungsplanung (siehe Abb. 4.8-2) für eine öffentliche Präsentation – die Teile A bis C sind im Original ein Plakat im Format A0 (Quelle: C. Zurhake).

Abb. 4.8-5: Plakatausschnitt (Teil C) der Bepflanzungsplanung (siehe Abb. 4.8-2) für eine öffentliche Präsentation – die Teile A bis C sind im Original ein Plakat im Format A0 (Quelle: C. Zurhake).

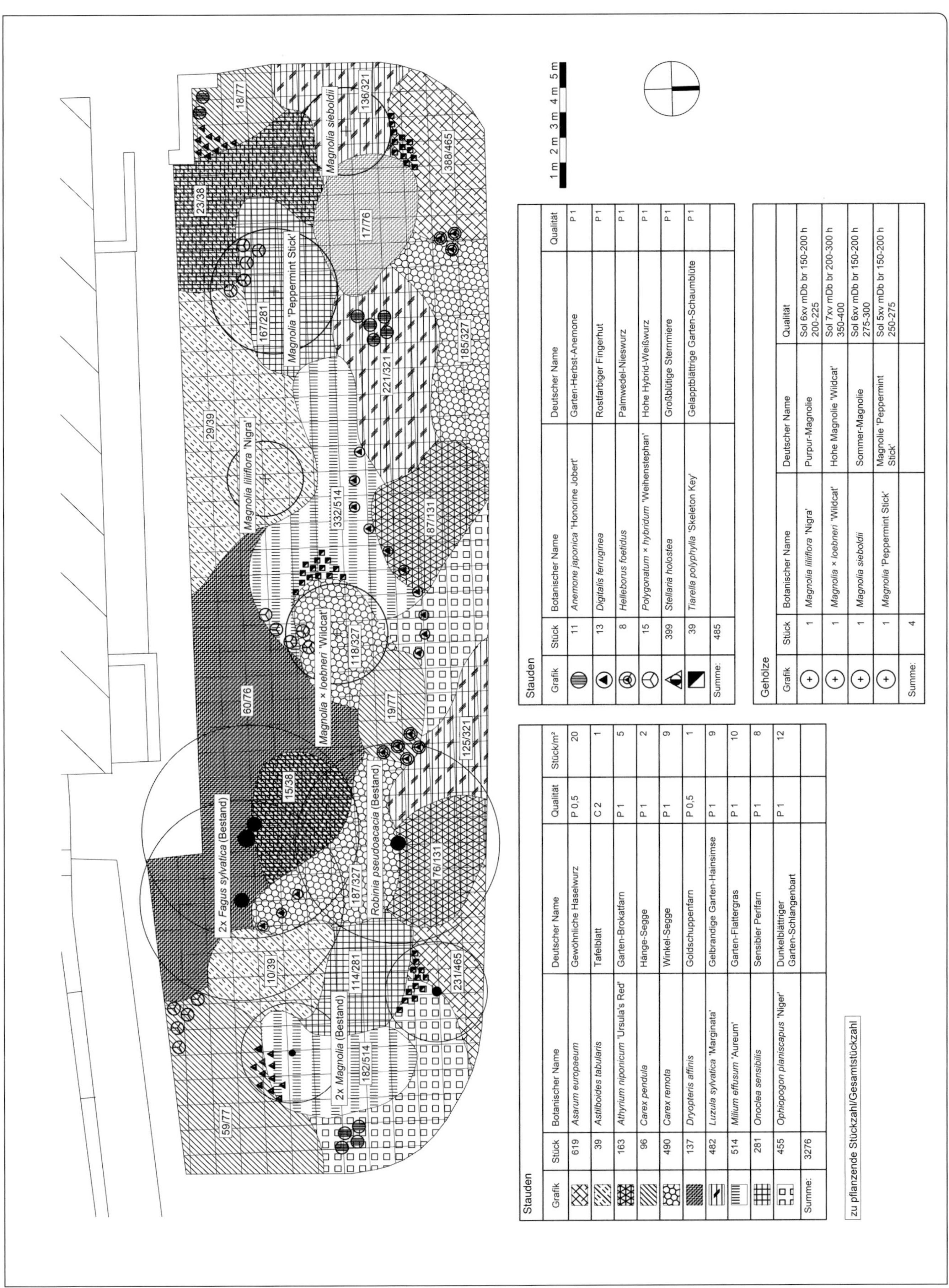

Stauden

Grafik	Stück	Botanischer Name	Deutscher Name	Qualität	Stück/m²
	619	*Asarum europaeum*	Gewöhnliche Haselwurz	P 0,5	20
	39	*Astilboides tabularis*	Tafelblatt	C 2	1
	163	*Athyrium niponicum* 'Ursula's Red'	Garten-Brokatfarn	P 1	5
	96	*Carex pendula*	Hänge-Segge	P 1	2
	490	*Carex remota*	Winkel-Segge	P 1	9
	137	*Dryopteris affinis*	Goldschuppenfarn	P 0,5	1
	482	*Luzula sylvatica* 'Marginata'	Gelbrandige Garten-Hainsimse	P 1	9
	514	*Milium effusum* 'Aureum'	Garten-Flattergras	P 1	10
	281	*Onoclea sensibilis*	Sensibler Perlfarn	P 1	8
	455	*Ophiopogon planiscapus* 'Niger'	Dunkelblättriger Garten-Schlangenbart	P 1	12
Summe:	3276				

Stauden

Grafik	Stück	Botanischer Name	Deutscher Name	Qualität
	11	*Anemone japonica* 'Honorine Jobert'	Garten-Herbst-Anemone	P 1
	13	*Digitalis ferruginea*	Rostfarbiger Fingerhut	P 1
	8	*Helleborus foetidus*	Palmwedel-Nieswurz	P 1
	15	*Polygonatum × hybridum* 'Weihenstephan'	Hohe Hybrid-Weißwurz	P 1
	399	*Stellaria holostea*	Großblütige Sternmiere	P 1
	39	*Tiarella polyphylla* 'Skeleton Key'	Gelapptblättrige Garten-Schaumblüte	P 1
Summe:	485			

Gehölze

Grafik	Stück	Botanischer Name	Deutscher Name	Qualität
	1	*Magnolia liliiflora* 'Nigra'	Purpur-Magnolie	Sol 6xv mDb br 150-200 h 200-225
	1	*Magnolia × loebneri* 'Wildcat'	Hohe Magnolie 'Wildcat'	Sol 7xv mDb br 200-300 h 350-400
	1	*Magnolia sieboldii*	Sommer-Magnolie	Sol 6xv mDb br 150-200 h 275-300
	1	*Magnolia* 'Peppermint Stick'	Magnolie 'Peppermint Stick'	Sol 5xv mDb br 150-200 h 250-275
Summe:	4			

Abb. 4.8-6: Bepflanzungsplanung im Modul „Bepflanzungsplanung Grundlagen“, Stauden- und Gehölzpflanzung (Quelle: A. Querhammer).

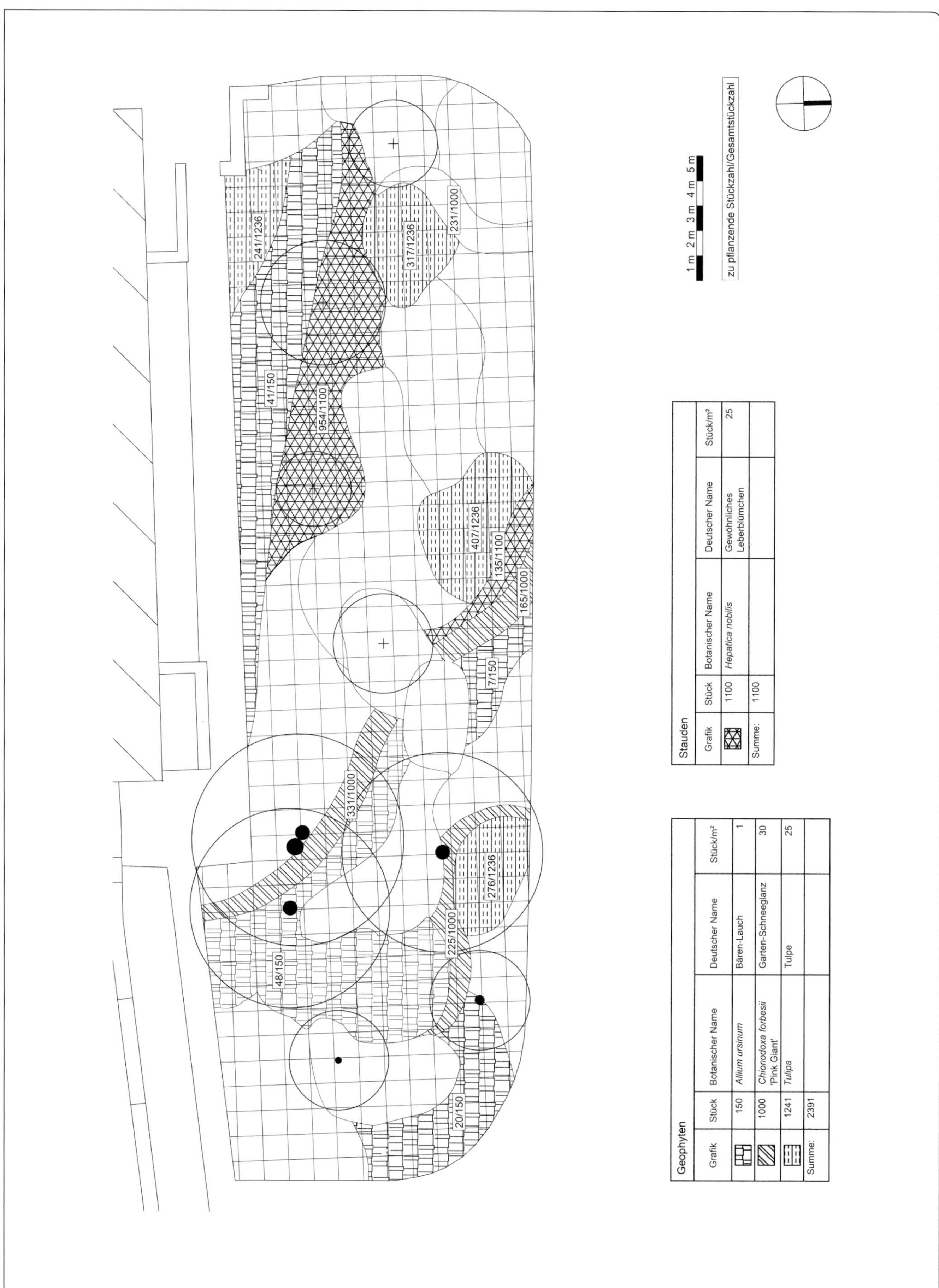

Abb. 4.8-7: Bepflanzungsplanung im Modul „Bepflanzungsplanung Grundlagen", Geophyten (Quelle: A. Querhammer).

Abb. 4.8-8: Bepflanzungsplanung im Modul „Bepflanzungsplanung Grundlagen“, Blütezeitkalender (Quelle: A. Querhammer).

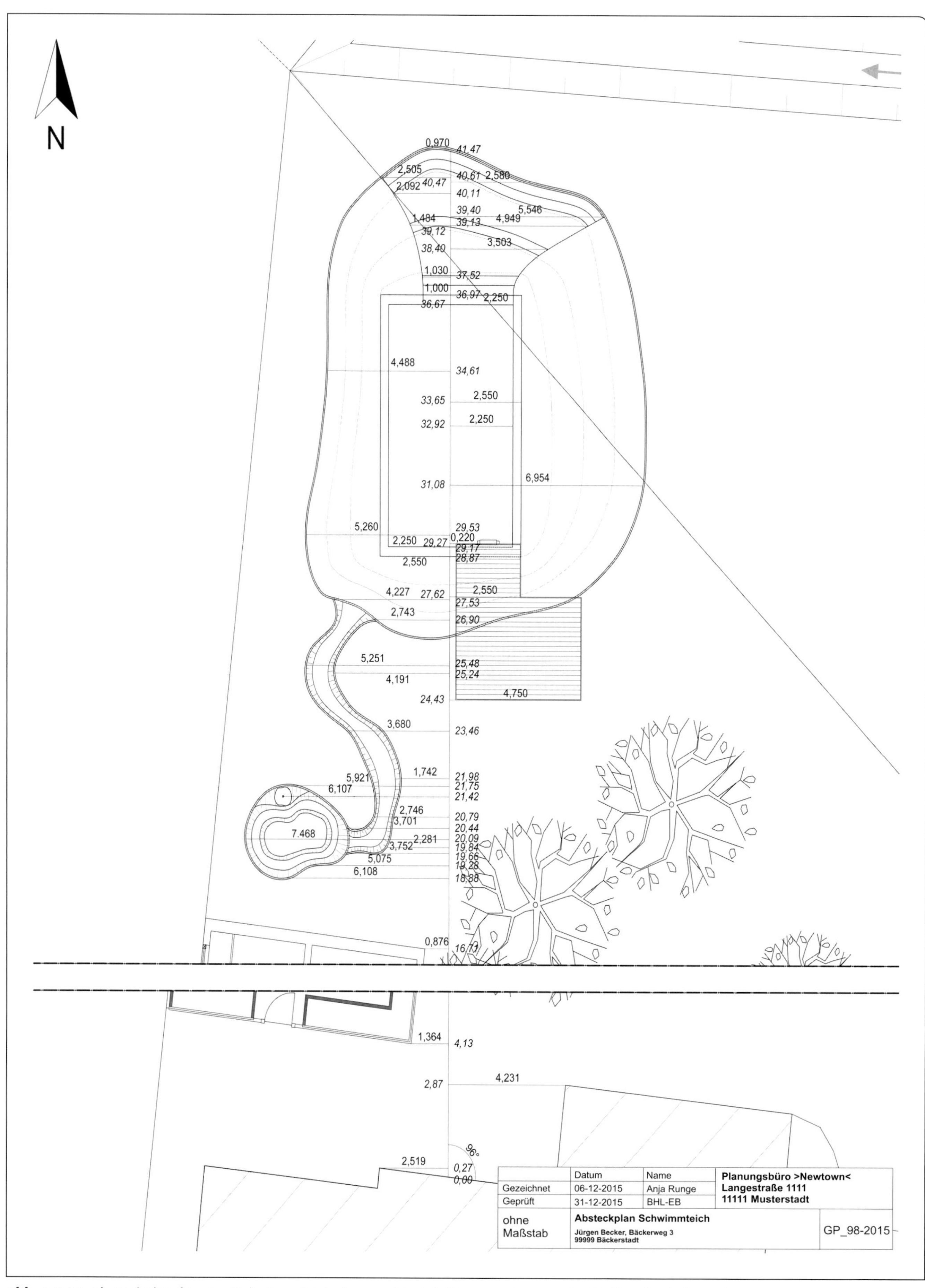

Abb. 4.8-9: Absteckplan für eine Schwimmteichplanung Modul „Wasseranlagentechnik" (Quelle: A. Runge).

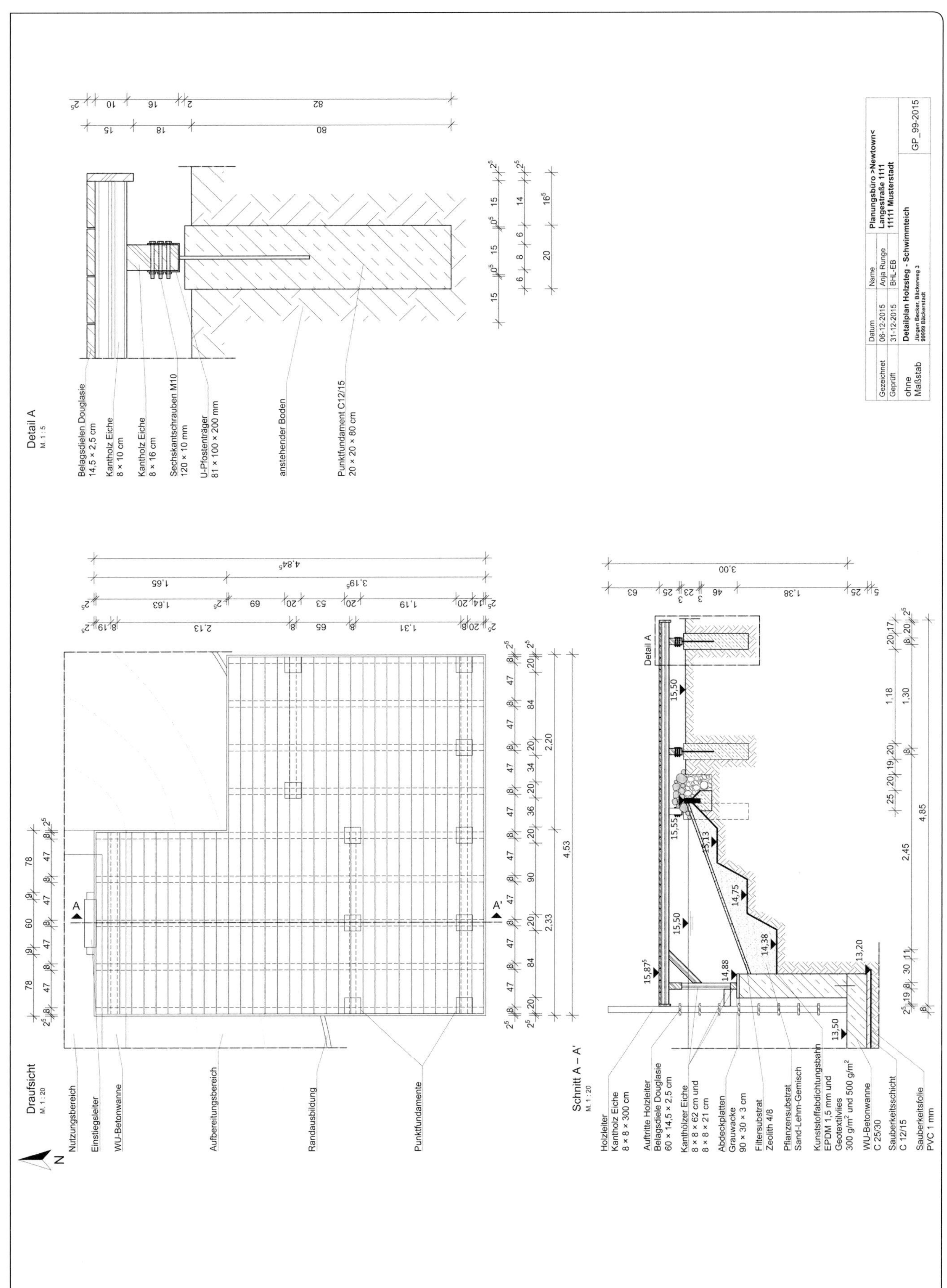

Abb. 4.8-10: Detail Holzsteg für eine Schwimmteichplanung Modul „Wasseranlagentechnik“ (Quelle: A. Runge).

5 Anhang

5.1 Kopiervorlage „Di- bzw. isometrisches Zeichenpapier“

Abb. 5-1: Di- bzw. isometrisches Zeichenpapier als Kopiervorlage. Zum Skizzieren von 3-D-Schnellentwürfen (vgl. Abb. 2.6-1).

5.2 Normenüberblick „Technisches Zeichnen“

Tab. 5.2-1: Normenübersicht (DIN, EN und ISO), Ordnung nach Dokumentennummer

Dokument-nummer	Norm	Titel (Deutsch)	Kurzreferat (Deutsch)/Stichworte	Ausgabe-datum	Zurück-ziehungs-datum	Nachfolge/ Aktuell
6-1	DIN	Technische Zeichnungen – Darstellungen in Normalprojektion – Ansichten und besondere Darstellungen	Die Norm gilt für allgemeine Grundlagen der Darstellung von Ansichten in Normalprojektion (Projektionsmethode 1).	1986-12-00	2002-05-00	DIN EN ISO 128-20/DIN ISO 5456-2
6-2	DIN	Technische Zeichnungen – Darstellung in Normalprojektion – Schnitte	Die Norm gilt für allgemeine Grundlagen der Darstellung von Schnitten in Normalprojektion (Projektionsmethode 1).	1986-12-00	2002-05-00	DIN ISO 128-50
15	DIN	Technische Zeichnungen; Linien; Grundlagen		1984-06-00	1997-12-00	DIN EN ISO 128-20
16-1	DIN	Schräge Normschrift für Zeichnungen; Allgemeines, Schriftgrößen		1967-12-00	1983-05-00	DIN EN ISO 3098
17-1	DIN	Senkrechte Normschrift für Zeichnungen; Allgemeines, Schriftgrößen		1967-12-00	1983-05-00	DIN EN ISO 3098
31-1	ISO	Größen und Einheiten; Teil 1: Raum und Zeit		1992-09-00	2006-03-00	ISO 80000-3:2006-03
34	DIN	Technische Produktdokumentation – Schutzvermerke zur Beschränkung der Nutzung von Dokumenten und Produkten	Das Dokument legt Kennzeichnungen von Dokumenten und Produkten fest, die durch Copyright, Patent-, Gebrauchsmuster- oder Geschmacksmusterrechte geschützt sind. Für Dokumente wird der Wortlaut eines erweiterten Schutzvermerkes festgelegt. Die Schutzvermerke sollen zum Ausdruck bringen, dass der Urheber den gesetzlichen Schutz in vollem Umfang sowie darüber hinausgehende Nutzungsbeschränkungen für sich in Anspruch nimmt.	1998-01-00	2002-05-00	DIN ISO 16016 (2002-05)
128	DIN ISO	Technische Zeichnungen – Allgemeine Grundsätze der Darstellung	Ersetzt in Verbindung mit ISO 6410-1981 die ISO-Empfehlung R 128-1959, deren fachliche Überarbeitung sie darstellt. Gilt für alle Arten technischer Zeichnungen (für Mechanik, Elektrotechnik, Architektur, Bauwesen usw.) nach dem Verfahren der orthographischen Projektion. Spezialisierte Zeichnungspraktiken werden nicht berücksichtigt. In einer Tabelle werden die allgemein üblichen Linienarten und -breiten aufgelistet. Den Forderungen der Vervielfältigung, einschließlich des Mikrokopierens, wurde Rechnung getragen.	1982-07-00	2001-04-00	DIN ISO 128-1 (2003-09)

Tab. 5.2-1: Normenübersicht (DIN, EN und ISO), Ordnung nach Dokumentennummer (Fortsetzung)

Dokument-nummer	Norm	Titel (Deutsch)	Kurzreferat (Deutsch)/Stichworte	Ausgabe-datum	Zurück-ziehungs-datum	Nachfolge/ Aktuell
128-1	DIN ISO	Technische Zeichnungen – Allgemeine Grundlagen der Darstellung – Teil 1: Einleitung und Stichwortverzeichnis	Die Norm enthält die Grundregeln für die Ausführung von sowohl manuell als auch rechnerunterstützt erstellten technischen Zeichnungen. Die Anwendung dieser Regeln erleichtert den internationalen Austausch von Informationen in allen Arten von technischen Zeichnungen und sichert deren Einheitlichkeit. Die dreidimensionalen CAD-Modelle sind jedoch nicht Gegenstand der Norm.	2003-09-00		
128-20	DIN EN ISO	Technische Zeichnungen – Allgemeine Grundlagen der Darstellung – Teil 20: Linien, Grundregeln (ISO 128-20:1996); Deutsche Fassung EN ISO 128-20:2001	Dieser Teil der ISO 128 enthält Festlegungen zu Linienarten, ihrer Bezeichnung und Konfiguration sowie allgemeine Regeln für das Zeichnen von Linien in technischen Zeichnungen, z. B. in Schemazeichnungen, Plänen oder Karten.	2002-12-00		
128-21	DIN EN ISO	Technische Zeichnungen – Allgemeine Grundlagen der Darstellung – Teil 21: Ausführung von Linien mit CAD-Systemen (ISO 128-21:1997); Deutsche Fassung EN ISO 128-21:2001	Dieser Teil der ISO 128 enthält Verfahren zur Berechnung der wichtigsten Grundarten von unterbrochenen Linien nach ISO 128-20 und ihrer Linienelemente.	2002-12-00		
128-22	DIN ISO	Technische Zeichnungen – Allgemeine Grundlagen der Darstellung – Teil 22: Grund- und Anwendungsregeln für Hinweis- und Bezugslinien (ISO 128-22:1999)	Das Dokument enthält die Grundregeln für die Ausführung von Hinweis- und Bezugslinien in allen Arten von technischen Zeichnungen sowie Anwendungshinweise für diese Linien und die zugehörigen Eintragungen.	1999-11-00		
128-23	DIN ISO	Technische Zeichnungen – Allgemeine Grundlagen der Darstellung – Teil 23: Linien in Zeichnungen des Bauwesens (ISO 128-23:1999)	Das Dokument enthält die in Zeichnungen des Bauwesens vorkommenden Linienarten sowie deren Bezeichnungen und Abmessungen unter besonderen Berücksichtigungen der Anwendungsregeln für die unterschiedlichen Darstellungen.	2000-03-00		
128-30	DIN ISO	Technische Zeichnungen – Allgemeine Grundlagen der Darstellung – Teil 30: Grundregeln für Ansichten (ISO 128-30:2001)	Das Dokument gilt für allgemeine Grundsätze für die Darstellung von Ansichten auf technischen Zeichnungen in Orthogonalprojektion.	2002-05-00		

Tab. 5.2-1: Normenübersicht (DIN, EN und ISO), Ordnung nach Dokumentennummer (Fortsetzung)						
Dokument-nummer	**Norm**	**Titel (Deutsch)**	**Kurzreferat (Deutsch)/Stichworte**	**Ausgabe-datum**	**Zurück-ziehungs-datum**	**Nachfolge/ Aktuell**
128-40	DIN ISO	Technische Zeichnungen – Allgemeine Grundlagen der Darstellung – Teil 40: Grundregeln für Schnittansichten und Schnitte (ISO 128-40:2001)	Das Dokument gilt für allgemeine Grundsätze für die Darstellung von Schnitten auf technischen Zeichnungen in Orthogonalprojektion.	2002-05-00		
128-50	DIN ISO	Technische Zeichnungen – Allgemeine Grundlagen der Darstellung – Teil 50: Grundregeln für Flächen in Schnitten und Schnittansichten (ISO 128-50:2001)	Das Dokument gilt für allgemeine Grundsätze für die Darstellung von Schnittflächen auf technischen Zeichnungen in Orthogonalprojektion.	2002-05-00		
129-1	DIN ISO	Technische Zeichnungen – Eintragung von Maßen und Toleranzen – Teil 1: Allgemeine Grundlagen		2004-09-00		
129-1	DIN ISO E	Technische Zeichnungen – Angabe von Maßen und Toleranzen – Teil 1: Grundlagen	Normentwurf.	2015-04-00		
201	DIN	Technische Zeichnungen – Schraffuren – Darstellung von Schnittflächen und Stoffen		1990-05-00	2002-05-00	DIN ISO 128-50
216	DIN EN ISO	Schreibpapier und bestimmte Gruppen von Drucksachen – Endformate – A- und B-Reihen und Kennzeichnung der Maschinenlaufrichtung (ISO 216:2007); Deutsche Fassung EN ISO 216:2007	In dieser Norm sind die Endformate für Schreibpapier und bestimmte Gruppen von Drucksachen festgelegt. Sie gilt für Papierendformate für administrative, kaufmännische und technische Zwecke sowie für bestimmte Gruppen von Drucksachen wie Vordrucke, Kataloge u. Ä. Die Norm ist allerdings nicht auf Zeitungen, Bücher, Plakate oder andere spezielle Artikel anwendbar, die möglicherweise in anderen Normen behandelt werden.	2007-12-00		
276-1	DIN	Die Norm DIN 276-1 gilt für die Ermittlung und Gliederung von Kosten im Hochbau.		2008-12-00		

Tab. 5.2-1: Normenübersicht (DIN, EN und ISO), Ordnung nach Dokumentennummer (Fortsetzung)

Dokumentnummer	Norm	Titel (Deutsch)	Kurzreferat (Deutsch)/Stichworte	Ausgabedatum	Zurückziehungsdatum	Nachfolge/ Aktuell
277-1	DIN	Grundflächen und Rauminhalte im Bauwesen – Teil 1: Hochbau	Dieses Dokument gilt für die Ermittlung von Grundflächen und Rauminhalten im Hochbau während der Planung, der Bauausführung und der Nutzung von Bauwerken. Es erstreckt sich auf die Grundflächen und Rauminhalte von Bauwerken sowie auf die Grundflächen des Grundstücks.	2016-01-00		
406-10	DIN	Technische Zeichnungen; Maßeintragung; Begriffe, allgemeine Grundlagen	Das Dokument legt die allgemeinen Grundlagen für Maßeintragungen in technischen Zeichnungen u. a. technischen Unterlagen fest. Es enthält die für die Maßeintragung relevanten Begriffe und deren Erläuterungen, die im Zusammenhang mit der Maßeintragung angewendeten graphischen Symbole und Kennzeichen sowie eine Beschreibung der wesentlichen Systeme der Maßeintragung. Der Anschluss an DIN 406 Teil 11 wird durch einige grundsätzliche Anwendungsregeln hergestellt.	1992-12-00		
406-11	DIN	Technische Zeichnungen; Maßeintragung; Grundlagen der Anwendung	Das Dokument legt die für alle Industriezweige anwendbaren Grundregeln der Maßeintragung fest. Diese Regeln betreffen die Elemente der Maßeintragung und die Eintragung von Maßen für alle häufig vorkommenden Formelemente. Des Weiteren enthält die Norm Festlegungen zu speziellen Arten von Maßen sowie zu den grundsätzlich möglichen Arten der Maßeintragung.	1992-12-00		
406-11, Beiblatt 1	DIN	Technische Zeichnungen – Maßeintragung – Teil 11: Grundlagen und Anwendung; Ausgang der Bearbeitung an Rohteilen	Das Dokument enthält Informationen über die Eintragung von Maßen für die erste Bearbeitung von Rohteilen mithilfe von Bezugsmaßen oder von Form- und Lagetoleranzen. Anhand von Beispielen werden die beiden Methoden erläutert sowie deren Kombinierbarkeit vorgestellt.	2000-12-00		
406-12	DIN	Technische Zeichnungen; Maßeintragung; Eintragung von Toleranzen für Längen- und Winkelmaße; ISO 406:1987, modifiziert	Das Dokument legt die allgemeingültigen Regeln für das Eintragen von Toleranzen für Längen- und Winkelmaße fest. Es werden die verschiedenen Möglichkeiten für die Angabe von Toleranzen bei Einzelteilen und bei gefügt dargestellten Teilen behandelt.	1992-12-00		

Tab. 5.2-1: Normenübersicht (DIN, EN und ISO), Ordnung nach Dokumentennummer (Fortsetzung)

Dokument-nummer	Norm	Titel (Deutsch)	Kurzreferat (Deutsch)/Stichworte	Ausgabe-datum	Zurück-ziehungs-datum	Nachfolge/ Aktuell
476-1	DIN	Schreibpapier und bestimmte Gruppen von Drucksachen – Endformate A- und B-Reihen (ISO 216:1975); Deutsche Fassung EN 20216:1990	Die Norm legt die Endformate für Schreibpapier und bestimmte Gruppen von Drucksachen fest. Sie gilt für Papierendformate für administrative, kaufmännische und technische Zwecke sowie für bestimmte Gruppen von Drucksachen, wie Vordrucke, Kataloge usw. Sie gilt nicht notwendigerweise für Zeitungen, Bücher, Plakate oder andere spezielle Artikel, die möglicherweiser in anderen Internationalen Normen behandelt werden.	1991-02-00	2002-03-00	DIN EN ISO 5457
476-2	DIN	Papier-Endformate – C-Reihe	Die in dieser Norm festgelegten Formate der C-Reihe gelten für Papiererzeugnisse, z. B. Briefhüllen, Mappen, Aktendeckel, die zur Unterbringung von Papiererzeugnissen in Formaten aus der A-Reihe bestimmt sind.	2008-02-00		
821-2	DIN	Schriftgutbehälter; Abheftlöcher für Schriftgut, Maße und Anordnung		1973-10-00		
824	DIN	Technische Zeichnungen; Faltung auf Ablageformat		1981-03-00		
1000	ISO	SI-Einheiten und Festlegungen für die Anwendung ihrer Vielfachen und einiger anderer Einheiten		1992-11-00	2006-06-00	ISO 80000-1:2009-11
1301-1	DIN	Einheiten – Teil 1: Einheitennamen, Einheitenzeichen	Diese Norm enthält die Einheiten des Internationalen Einheitensystems (SI) sowie weitere gesetzliche Einheiten und die Vorsätze für dezimale Vielfache und Teile der Einheiten.	2010-10-00		
1301-1, Beiblatt 1	DIN	Einheiten; Einheitenähnliche Namen und Zeichen	Eichwesen, Einheit, Größe, Kalkül, Messwesen, Name, Physik, Zeichen.	1982-04-00		
1302	DIN	Allgemeine mathematische Zeichen und Begriffe	Algebra, Arithmetik, arithmetisch, Begriffe, Definition, Differentiation, Eichwesen, Einheit, Exponent, Formelzeichen, Funktion, Geometrie, Gleichung, Grenzwert, Hyperbel, integral, Integration, Kombinatorik, Kreis, logarithmisch, Logarithmus, Mathematik, mathematische Funktion, mathematische Zeichen, Mengenlehre, Messwesen, Relation, Stetigkeit, Struktur, Trigonometrie, Vektor, Verknüpfung, Zahl, Zeichen.	1999-12-00		

Tab. 5.2-1: Normenübersicht (DIN, EN und ISO), Ordnung nach Dokumentennummer (Fortsetzung)

Dokumentnummer	Norm	Titel (Deutsch)	Kurzreferat (Deutsch)/Stichworte	Ausgabedatum	Zurückziehungsdatum	Nachfolge/ Aktuell
1304-1	DIN	Formelzeichen; Allgemeine Formelzeichen	Akustik, Atomphysik, Elektrizität, elektromagnetische Strahlung, Elektrotechnik, Fachgebiet, Formelzeichen, Indizes, Kernphysik, Länge, Licht, Magnetismus, Mechanik, Molekularphysik, Physik, physikalische Chemie, physikalische Größe, SI-Einheit, Thermodynamik, Wärmeübertragung.	1994-03-00		
1313	DIN	Größen	Das Dokument behandelt das Gebiet der Größen, Größenarten, Dimensionen und Einheiten und legt fest, wie diese Begriffe in Wissenschaft und Technik zu verstehen und anzuwenden sind.	1998-12-00		
1338	DIN	Formelschreibweise und Formelsatz	Das Dokument legt die Schreibweise von Formeln in wissenschaftlichen und anderen Veröffentlichungen fest.	2011-03-00		
1353-2	DIN	Abkürzungen von Benennungen für Halbzeug		1971-04	1997-01-00	DIN ISO 5261:1997-04
1356-1	DIN	Bauzeichnungen – Teil 1: Arten, Inhalte und Grundregeln der Darstellung	Das Dokument legt Arten und Inhalte von Bauzeichnungen für die Objekt- und Tragwerksplanung sowie Grundregeln für die Darstellung in Bauzeichnungen für Objektplanung (Entwurf, Genehmigung, Ausführung von baulichen Anlagen im Hochbau) fest. Es gilt für Bauzeichnungen, die manuell und computergestützt hergestellt werden.	1995-02-00		
1356-6	DIN	Technische Produktdokumentation – Bauzeichnungen – Teil 6: Bauaufnahmezeichnungen	Diese Norm regelt die Darstellung von Bauaufnahmen. Sie legt die erforderliche Genauigkeit in Bezug auf den Verwendungszweck fest.	2006-05-00		
2425-1	DIN	Planwerke für die Versorgungswirtschaft, die Wasserwirtschaft und für Fernleitungen; Rohrnetzpläne der öffentlichen Gas- und Wasserversorgung		1975-08-00		

Tab. 5.2-1: Normenübersicht (DIN, EN und ISO), Ordnung nach Dokumentennummer (Fortsetzung)						
Dokument-nummer	**Norm**	**Titel (Deutsch)**	**Kurzreferat (Deutsch)/Stichworte**	**Ausgabe-datum**	**Zurück-ziehungs-datum**	**Nachfolge/ Aktuell**
2425-4	DIN	Planwerke für die Versorgungswirtschaft, die Wasserwirtschaft und für Fernleitungen, Kanalnetzpläne öffentlicher Abwasserleitungen	Diese Norm legt die Ausführungsmöglichkeiten und die Planzeichen für das Neuzeichnen von Kanalnetzplänen öffentlicher Abwasseranlagen fest. Für Grundstücksentwässerungsanlagen sind die Zeichen in DIN 1986 Teil 1 und die dort zusätzlich enthaltenen Hinweise zu beachten. Die Darstellungen sollen bei der Anfertigung von Plänen für öffentliche Abwasseranlagen, die der Ableitung von Schmutz-, Misch- und Regenwasser dienen, angewendet werden.	1980-05-00		Anmerkung: DIN 1986-1 zurückgezogen!
2425-5	DIN	Planwerke für die Versorgungswirtschaft, die Wasserwirtschaft und für Fernleitungen, Karten und Pläne der Wasserwirtschaft	Zweck der Norm ist es, einheitliche Kriterien für den Aufbau und Inhalt der folgenden Karten und Pläne anzugeben: wasserwirtschaftliche Rahmenpläne, sonstige wasserwirtschaftliche Fachpläne (z. B. für die Bereiche Trinkwasserversorgung, Gewässerschutz, hydrologisches Messwesen, Hochwasserschutz), Plan- und Kartenwerke (z. B. Karten für Trinkwasserschutzgebiete), Bauentwürfe der Wasserwirtschaft. Einzelpläne und -karten (z. B. Flurabstandskarte, Pegelkarte, Pläne für Wasserrechtsverfahren). Arbeitskarten oder -pläne und Skizzen.	1983-10-00		
2425-6	DIN	Planwerke für die Versorgungswirtschaft, die Wasserwirtschaft und für Fernleitungen, Karten und Pläne für den Gewässerausbau, den Hochwasser- und Küstenschutz	Die Norm dient der Erstellung von Plänen in Rahmenentwürfen, Vorentwürfen und Bauentwürfen des Gewässerausbaues, des Hochwasser- und des Küstenschutzes sowie der Aufstellung von Bestandsplänen, Strom- und Gewässerkarten. Sie dient gleichfalls für entsprechende Darstellungen, z. B. in regionalen Raumordnungsplänen, Plänen der wasserwirtschaftlichen Rahmenplanung und landschaftspflegerischen Begleitplänen.	1982-02-00		
2429-1	DIN	Graphische Symbole für technische Zeichnungen; Rohrleitungen; Allgemeines		1988-01-00		DIN 28000-4
3098-0	DIN EN ISO	Technische Produktdokumentation – Schriften – Teil 0: Grundregeln (ISO 3098-0:1997); Deutsche Fassung EN ISO 3098-0:1997		1997-04-00	2015-06-00	DIN EN ISO 3098-1:2015-06

Tab. 5.2-1: Normenübersicht (DIN, EN und ISO), Ordnung nach Dokumentennummer (Fortsetzung)

Dokument-nummer	Norm	Titel (Deutsch)	Kurzreferat (Deutsch)/Stichworte	Ausgabe-datum	Zurück-ziehungs-datum	Nachfolge/ Aktuell
3098-0	DIN EN ISO	Technische Produktdokumentation – Schriften – Teil 0: Grundregeln (ISO 3098-0:1997); Deutsche Fassung EN ISO 3098-0:1997	Abmessung, allgemeine Bedingung, Anforderung, Begriffe, Beschriftung, Buchstabe, Definition, Form, graphisches Symbol, Größe, Grundregel, Produktdokumentation, Regeln, Schreiben, Schrift, Schriftgröße, Schriftzeichen, Symbol, technische Zeichnung, Zeichnung, Zeichnungswesen.	1998-04-00		
3098-1	DIN EN ISO	Technische Produktdokumentation – Schriften – Teil 1: Grundregeln (ISO 3098-1:2015); Deutsche Fassung EN ISO 3098-1:2015	Dieser Teil von ISO 3098 legt in Übereinstimmung mit den weiteren Teilen von ISO 3098 die Grundregeln fest für die Ausführung von Schriften in der technischen Produktdokumentation (vorwiegend in technischen Zeichnungen). Er enthält die grundlegenden Regeln sowie Regeln für die Ausführung von Beschriftungen mit den folgenden Techniken: a) Freihand-Beschriftung (mithilfe unterlegter Raster); b) Schrift- und Zeichenschablonen und manuelle Beschriftungssysteme; c) Anreibesysteme; d) numerisch gesteuerte Beschriftungs- und Zeichensysteme.	2015-06-00		
3098-2	DIN EN ISO	Technische Produktdokumentation – Schriften – Teil 2: Lateinisches Alphabet, Ziffern und Zeichen (ISO 3098-2:2000); Deutsche Fassung EN ISO 3098-2:2000	Das Dokument legt die Form und Größe von Buchstaben des lateinischen Alphabetes in technischen Zeichnungen und ähnlichen Dokumenten fest. Es betrifft vorrangig mit Schablonen und Zeichenautomaten geschriebene Buchstaben, gilt jedoch ebenfalls für andere Verfahren der freihändigen Beschriftung. Wesentliche Merkmale sind Lesbarkeit, Einheitlichkeit und Eignung für Mikroverfilmung und fotografische Reproduktion.	2000-11-00		
3098-4	DIN EN ISO	Technische Produktdokumentation – Schriften – Teil 4: Diakritische und besondere Zeichen im lateinischen Alphabet (ISO 3098-4:2000); Deutsche Fassung EN ISO 3098-4:2000	Das Dokument legt die Form und Größe von diakritischen Zeichen und Sonderzeichen für das Latein-Alphabet fest, die zusammen mit Schriftzeichen nach ISO 3098-2 angewendet werden. Diese Zeichen sind in den verschiedenen Sprachen gegenübergestellt.	2000-11-00		

Tab. 5.2-1: Normenübersicht (DIN, EN und ISO), Ordnung nach Dokumentennummer (Fortsetzung)

Doku-ment-nummer	Norm	Titel (Deutsch)	Kurzreferat (Deutsch)/Stichworte	Ausgabe-datum	Zurück-ziehungs-datum	Nachfolge/ Aktuell
4069	DIN ISO	Zeichnungen für das Bauwesen – Darstellung von Flächen in Schnitten und Ansichten – Allgemeine Grundregeln	Diese Norm legt allgemeine Regeln für die Darstellung von Flächen in Schnitten und Ansichten in Zeichnungen für das Bauwesen fest. Sie enthält keine Angaben über Werkstoffkennzeichnungen.	1984-08-00	2002-05-00	DIN ISO 128-50
4157-1	DIN EN ISO	Zeichnungen für das Bauwesen – Bezeichnungssysteme – Teil 1: Gebäude und Gebäudeteile (ISO 4157-1:1998); Deutsche Fassung EN ISO 4157-1-1998		1999-03-00		
4172	DIN	Maßordnung im Hochbau	Begriffe, Baunormzahlen, Kleinmaße, Anwendung der Baunormzahlen, Fugen und Verband.	1955-07-00	2015-03-00	DIN 4172
4172	DIN ISO	Zeichnungen für das Bauwesen; Zeichnungen für den Zusammenbau vorgefertigter Teile; Identisch mit ISO 4172:1991	Das Dokument legt Umfang, Art und Inhalt der Dokumentation vorgefertigter Teile und deren Zusammenbau fest. Es enthält Beispiele für Lagepläne und Bezeichnungen von Verbindungen.	1992-08-00		
4172	DIN	Maßordnung im Hochbau	Diese Norm gilt für Maße im Hochbau. Die Anwendung in anderen Bereichen, z. B. dem Tiefbau, ist zweckmäßig, wenn mit dem Hochbau vergleichbare Bauweisen angewendet werden und/oder Schnittstellen zum Hochbau bestehen.	2015-09-00		
5261	DIN ISO	Technische Zeichnungen – Vereinfachte Angabe von Stäben und Profilen (ISO 5261:1995)	Das Dokument enthält zusätzlich zu den Regeln in ISO 128 und ISO 129 Festlegungen für die vereinfachte Angabe von Stäben und Profilen für Zusammenbau- und Einzelteil-Zeichnungen.	1997-04-00		
5455	DIN ISO	Technische Zeichnungen; Maßstäbe	Diese Norm gilt für Maßstäbe und deren Kennzeichnung in technischen Zeichnungen für alle Gebiete der Technik.	1979-12-00		
5456-1	DIN ISO	Technische Zeichnungen – Projektionsmethoden – Teil 1: Übersicht (ISO 5456-1:1996)	Das Dokument enthält eine Übersicht über die unterschiedlichen Projektionsmethoden sowie deren geometrisches Verhältnis.	1998-04-00		

Tab. 5.2-1: Normenübersicht (DIN, EN und ISO), Ordnung nach Dokumentennummer (Fortsetzung)

Doku-ment-nummer	Norm	Titel (Deutsch)	Kurzreferat (Deutsch)/Stichworte	Ausgabe-datum	Zurück-ziehungs-datum	Nachfolge/ Aktuell
5456-2	DIN ISO	Technische Zeichnungen – Projektionsmethoden – Teil 2: Orthogonale Darstellungen (ISO 5456-2:1996)	Das Dokument legt die Grundregeln für die Anwendung von orthogonalen Projektionsmethoden für alle Arten von technischen Zeichnungen auf allen technischen Gebieten fest, entsprechend den in ISO 128, ISO 129, ISO 3098-1, ISO/IEC 11714-1 und ISO 5456-1 festgelegten allgemeinen Regeln.	1998-04-00		
5456-3	DIN ISO	Technische Zeichnungen – Projektionsmethoden – Teil 3: Axonometrische Darstellungen (ISO 5456-3:1996)	Das Dokument legt die Grundregeln für die Anwendung von empfohlenen axonometrischen Darstellungen für alle Arten von technischen Zeichnungen fest.	1998-04-00		
5456-4	DIN ISO	Technische Zeichnungen – Projektionsmethoden – Teil 4: Zentralprojektion (ISO 5456-4:1996); Deutsche Fassung EN ISO 5456-4:2001	Das Dokument legt die Grundregeln für die Entwicklung der Zentralprojektion und deren Anwendung in technischen Zeichnungen fest.	2002-12-00		
5457	DIN EN ISO	Technische Produktdokumentation – Formate und Gestaltung von Zeichnungsvordrucken (ISO 5457:1999 + Amd. 1:2010); Deutsche Fassung EN ISO 5457:1999 + A1:2010	Das Dokument legt die Formate und Gestaltung von Vordrucken für technische Zeichnungen fest. Das Dokument gilt für alle Branchen und kann entsprechend auch für andere technische Dokumente angewendet werden.	2010-11-00		
5459	DIN EN ISO	Geometrische Produktspezifikation (GPS) – Geometrische Tolerierung – Bezüge und Bezugssysteme (ISO 5459:2011); Deutsche Fassung EN ISO 5459:2011	Diese Norm legt die Terminologie, die Regeln und die Methodik zur Angabe und zum Verständnis von Bezügen und Bezugssystemen in technischen Produktdokumentationen fest. Diese Internationale Norm stellt auch Erklärungen zur Verfügung, um den Anwender dabei zu unterstützen, das zugrunde liegende Konzept zu verstehen.	2013-05-00		
5478	DIN	Maßstäbe in graphischen Darstellungen	Abbildung, Begriffe, Darstellung, Definition, Funktion, graphisch, graphische Darstellung, Koordinatensystem, Leiter, elektrisch, linear, logarithmisch, Maßstab, Nomogramm, Skale, Teilstrich, Teilung, Zeigerdiagramm.	1973-10-00		

Tab. 5.2-1: Normenübersicht (DIN, EN und ISO), Ordnung nach Dokumentennummer (Fortsetzung)

Dokument-nummer	Norm	Titel (Deutsch)	Kurzreferat (Deutsch)/Stichworte	Ausgabe-datum	Zurück-ziehungs-datum	Nachfolge/ Aktuell
6410-3	DIN ISO	Technische Zeichnungen; Gewinde und Gewindeteile; Vereinfachte Darstellung; Identisch mit ISO 6410-3:1993	Anforderung, Bezeichnung, Darstellung, Gewinde, Gewindeteil, graphische Methode, Mutter, Schraube, technische Zeichnung, technisches Zeichnen, Vereinfachung, Zeichnung, Zeichnungsdarstellung, Zeichnungswesen.	1993-12-00		
6428	DIN ISO	Technische Zeichnungen – Anforderungen für die Mikroverfilmung (ISO 6428:1982)	Das Dokument enthält die Grundregeln, die bei der Ausführung von technischen Zeichnungen, z. B. hinsichtlich der Zeichnungsträger, Linien und Schriften sowie bei deren Handhabung unter dem Gesichtspunkt der Mikroverfilmung zu beachten sind.	1997-03-00		
6433	DIN EN ISO	Technische Zeichnungen – Positionsnummern (ISO 6433:2012); Deutsche Fassung EN ISO 6433:2012	Diese Internationale Norm legt allgemeine Regeln für die Anwendung und Ausführung von Positionsnummern in technischen Zeichnungen fest.	2012-12-00		
6771-1	DIN	Schriftfelder für Zeichnungen, Pläne und Listen	Abmessung, Erweiterung, Feld, Linienbreite, Liste, Plan, Raster, Rastermaß, Schriftfeld, Zeichnung.	1970-12-00	2004-05-00	DIN EN ISO 7200 (2004-05-00)
6771-6	DIN	Vordrucke für technische Unterlagen; Zeichnungen	Die Norm gilt für die Gestaltung von Zeichnungsvordrucken, auch wenn diese rechnerunterstützt erstellt werden. Sie kann sinngemäß auch für andere technische Unterlagen angewendet werden.	1988-04-00	1999-07-00	
6776-1	DIN	Technische Zeichnungen – Beschriftung, Schriftzeichen		1976-04-00	2000-11-00	DIN EN ISO 3098-0; DIN EN ISO 3098-2; DIN EN ISO 3098-4
7200	DIN EN ISO	Technische Produktdokumentation – Datenfelder in Schriftfeldern und Dokumentenstammdaten (ISO 7200:2004); Deutsche Fassung EN ISO 7200:2004	Gegenüber DIN 6771-1:1970-12 wurden folgende Änderungen vorgenommen: a) Anwendungsbereich auf alle technischen Dokumente erweitert; b) Bemaßung der Datenelemente (Felder) gestrichen; c) Datenelemente (Felder) redaktionell angepasst.	2004-05-00		
7519	DIN ISO	Technische Zeichnungen; Zeichnungen für das Bauwesen; Allgemeine Grundlagen für Anordnungspläne und Zusammenbauzeichnungen; Identisch mit ISO 7519:1991		1992-09-00		

Tab. 5.2-1: Normenübersicht (DIN, EN und ISO), Ordnung nach Dokumentennummer (Fortsetzung)

Dokumentnummer	Norm	Titel (Deutsch)	Kurzreferat (Deutsch)/Stichworte	Ausgabedatum	Zurückziehungsdatum	Nachfolge/ Aktuell
9431	DIN ISO	Zeichnungen für das Bauwesen; Anordnung von Darstellungen, Texten und Schriftfeldern auf Zeichnungsvordrucken; identisch mit ISO 9431:1990		1991-12-00		
11091	DIN EN ISO	Zeichnungen für das Bauwesen – Zeichnungen für Außenanlagen (ISO 11091:1994); Deutsche Fassung EN ISO 11091:1999	Das Dokument stellt allgemeine Regeln auf und legt graphische Symbole und vereinfachte Darstellungen fest für Zeichnungen für Außenanlagen.	1999-10-00		
13567-Beiblatt 1	DIN ISO	Technische Produktdokumentation – Gliederung und Benennung von Layern für CAD – Anwendung von ISO 13567-1 und ISO 13567-2 (ISO/TR 13567-3:1999)	Das Dokument behandelt die Mechanismen der Dokumentation und Kommunikation von Strukturen bei der Anwendung von DIN ISO 13567. Es gibt detaillierte Richtlinien über die Möglichkeiten projektspezifischer Implementierung der in der Norm vorgegebenen Strukturen.	2000-08-00		
13567-1	DIN EN ISO	Technische Produktdokumentation – Gliederung und Benennung von Layern für CAD – Teil 1: Übersicht und Grundlagen (ISO 13567-1:1998); Deutsche Fassung EN ISO 13567-1:2002	Das Dokument legt allgemeine Grundlagen der Strukturierung von Layern in CAD-Dateien fest. Layer dienen zur Steuerung der Übersichtlichkeit, Verwaltung und Übertragung von CAD-Datei-Daten. Die Namen der Layer dienen der Darstellung dieser Struktur.	2002-12-00		
13567-2	DIN EN ISO	Technische Produktdokumentation – Gliederung und Benennung von Layern für CAD – Teil 2: Ordnungsmerkmale, Aufbau und Kennungen für die Dokumentation im Bauwesen (ISO 13567-2:1998); Deutsche Fassung EN ISO 13567-2:2002	Das Dokument legt die Gliederung und Zuordnung von Layern in CAD für die Verständigung und Verwaltung in Projekten des Bauwesens fest.	2002-12-00		
14034-2	DIN	Graphische Symbole für das Feuerwehrwesen – Teil 2: Besondere Risiken		1979-6-00	2005-11-00	Ohne Ersatz!

Tab. 5.2-1: Normenübersicht (DIN, EN und ISO), Ordnung nach Dokumentennummer (Fortsetzung)						
Dokumentnummer	**Norm**	**Titel (Deutsch)**	**Kurzreferat (Deutsch)/Stichworte**	**Ausgabedatum**	**Zurückziehungsdatum**	**Nachfolge/ Aktuell**
14034-6	DIN	Graphische Symbole für das Feuerwehrwesen – Teil 6: Bauliche Einrichtungen	In dieser Norm sind graphische Symbole festgelegt, die im Bereich des Feuerwehrwesens, z. B. in Feuerwehrplänen oder Feuerwehr-Einsatzplänen, zum Darstellen der auf Grundstücken oder in Gebäuden oder baulichen Anlagen vorhandenen Einrichtungen angewendet werden. Sie dienen auch als Hinweis auf bestimmte Eigenschaften von Gebäudeteilen.	2013-03-00		
14090	DIN	Flächen für die Feuerwehr auf Grundstücken	Die Norm legt Begriffe, Maße und Anforderungen für die im Baurecht geforderten Flächen auf dem Grundstück fest, die für die Rettung von Menschen und die Durchführung wirksamer Löscharbeiten notwendig sind.	2003-05-00		
14095	DIN	Anforderungen an Feuerwehrpläne für bauliche Anlagen	Die Norm enthält Anforderungen an Feuerwehrpläne für bauliche Anlagen und dient der Vereinheitlichung der von der Feuerwehr für bestimmte bauliche und technische Anlagen (z. B. Werksgelände) benötigten Pläne. Feuerwehrpläne sind keine Einsatzpläne der Feuerwehr, können jedoch als Grundlage zur Erstellung von Einsatzplänen dienen.	2007-05-00		
16016	DIN ISO	Technische Produktdokumentation – Schutzvermerke zur Beschränkung der Nutzung von Dokumenten und Produkten (ISO 16016:2000)	Die Norm legt Schutzvermerke für Dokumente und Produkte fest, deren Nutzung beschränkt und deren missbräuchlicher Nutzung vorgebeugt werden soll. Schutzvermerke sollen mithilfe eines einheitlichen Textes auf die Existenz von Urheberrechten oder gewerblichen Schutzrechten aufmerksam machen und verdeutlichen, dass der Rechtsinhaber den gegebenen gesetzlichen Schutz in vollem Umfang in Anspruch nimmt und die Verwertung von Dokumenten und Produkten auch über den Rahmen des gesetzlichen Schutzes hinaus einschränken möchte.	2007-12-00		
18100	DIN	Türen; Wandöffnungen für Türen; Maße entsprechend DIN 4172		1983-10-00		

Tab. 5.2-1: Normenübersicht (DIN, EN und ISO), Ordnung nach Dokumentennummer (Fortsetzung)

Dokument-nummer	Norm	Titel (Deutsch)	Kurzreferat (Deutsch)/Stichworte	Ausgabe-datum	Zurück-ziehungs-datum	Nachfolge/ Aktuell
18202	DIN	Toleranzen im Hochbau – Bauwerke	Diese Norm hat den Zweck, Grundlagen für Toleranzen und für ihre Prüfung festzulegen. Die in dieser Norm und in DIN 18203-1 bis DIN 18203-3 festgelegten Toleranzen stellen die im Rahmen üblicher Sorgfalt zu erreichende Genauigkeit dar. Sie gelten stets, soweit nicht andere Genauigkeiten vereinbart werden.	2013-04-00		
18702	DIN	Zeichen für Vermessungsrisse, großmaßstäbige Karten und Pläne		1976-03-00		
28000-4	DIN	Chemischer Apparatebau – Dokumentation im Lebensweg von Prozessanlagen – Teil 4: Graphische Symbole für Armaturen, Rohrleitungen und Stellantriebe	Diese Norm legt als Ergänzung zu DIN EN ISO 10628-2 graphische Symbole zur Darstellung von Rohrleitungsteilen, Armaturen und Stellantrieben in Fließschemata für Prozessanlagen fest.	2014-07-00		
48820	DIN	Sinnbilder für Blitzschutzbauteile in Zeichnungen		1967-01-00		Ersatzlos! Empfehlung DIN EN 62305-3 Beiblatt 3: 2007-01-00 (zurückgezogen, neuere Ausgabe!)
49782	DIN	Straßenbeleuchtung; Sinnbilder, Darstellung in Lageplänen		1975-06-00		
62305-3 Beiblatt 1; VDE 0185-305-3 Beiblatt 3:2012-10	DIN EN	Blitzschutz – Teil 3: Schutz von baulichen Anlagen und Personen – Beiblatt 1: Zusätzliche Informationen zur Anwendung der DIN EN 62305-3 (VDE 0185-305-3)	Dieses Beiblatt ergänzt DIN EN 62305-3 (VDE 0185-305-3) durch zusätzliche Informationen und Bilddarstellungen zu einzelnen Abschnitten der Norm, mit deren Hilfe die Anwendung der Norm erleichtert werden soll. Das Beiblatt enthält nützliche Hinweise und viele Beispiele aus der Praxis der Planung und Errichtung von Blitzschutzsystemen (LPS).	2012-10-00		

Tab. 5.2-1: Normenübersicht (DIN, EN und ISO), Ordnung nach Dokumentennummer (Fortsetzung)

Dokument-nummer	Norm	Titel (Deutsch)	Kurzreferat (Deutsch)/Stichworte	Ausgabe-datum	Zurück-ziehungs-datum	Nachfolge/ Aktuell
62305-3; VDE 0185-305-3	DIN EN	Blitzschutz – Teil 3: Schutz von baulichen Anlagen und Personen (IEC 62305-3:2010, modifiziert); Deutsche Fassung EN 62305-3:2011	Diese Norm enthält Anforderungen für den Schutz einer baulichen Anlage gegen physikalische Schäden mithilfe eines Blitzschutzsystems (LPS) und für den Schutz gegen Verletzungen von Lebewesen durch Berührungs- und Schrittspannungen in der Nähe eines Blitzschutzsystems (siehe EN 62305-1). Diese Norm gilt für die Planung, Errichtung, Prüfung und Wartung von Blitzschutzsystemen für bauliche Anlagen ohne Einschränkung bezüglich ihrer Höhe und das Ergreifen von Schutzmaßnahmen gegen Verletzungen von Lebewesen durch Berührungs- und Schrittspannungen.	2011-10-00		
81714-1	DIN EN ISO	Gestaltung von graphischen Symbolen für die Anwendung in der technischen Produktdokumentation – Teil 1: Grundregeln (ISO 81714-1:2010); Deutsche Fassung EN ISO 81714-1:2010	Anforderung, Begriffe, Bildzeichen, Datenaustausch, Datenverarbeitung, Definition, Dokumentation, Elektrotechnik, graphisches Symbol, Produktdokumentation, Schaltzeichen, Spezifikation, Symbol, technische Unterlage.	2010-11-00		
80000-1	ISO	Größen und Einheiten – Teil 1: Allgemeines	Allgemeine Informationen und Definitionen bezüglich Größen, Größensystemen, Einheiten, Formelzeichen für Größen und Einheiten sowie kohärenten Einheitensystemen, speziell des internationalen Größensystems ISQ und des internationalen Einheitensystems SI.	2009-11-00		
80000-3	ISO	Größen und Einheiten – Teil 3: Raum und Zeit	ISO 80000-3 enthält Benennungen, Formelzeichen und Definitionen für Größen und Einheiten eines Raumes und der Zeit. Sofern möglich, sind auch Umrechnungsfaktoren mit aufgeführt.	2006-03-00		

Service

Literatur- und Quellenverzeichnis

BATRAN, BALDER; BORN ALEXANDRA; FREY, VOLKER; GUSTAVUS, BEATRIX; HANSEN, HANS-JÜRGEN; KÖHLER, KLAUS; SCHLIEBNER, HEINZ; SCHULLER, JENS-PETER; SOMMER, HELMUT; WEIDNER, FRANK; WENZKE, RÜDIGER; ZWANZIG, JOACHIM (2010): Bauzeichnen Architektur, Ingenieurbau, Tief-, Straßen- und Landschaftsbau. 4. Auflage. Holland & Josenhans, Handwerk und Technik, Stuttgart.

BIELEFELD, BERT; SKIBA, ISABELLA (2011): Technisches Zeichnen. Überarbeitete und ergänzte Ausgabe. Verlag Birkhäuser, Basel.

BORCHARDT, WOLFGANG (2013): Pflanzenverwendung – Das Gestaltungsbuch. Verlag Eugen Ulmer, Stuttgart.

Bruns: Sortimentskatalog.

Bundesgerichtshof (BGH) (1998): Urteil vom 14. Mai 1998 – VII ZR 184/97, in IBR 1998, S. 376.

Bundesgerichtshof (BGH) (2004): Urteil vom 16. Dezember 2004 – VII ZR 257/03, zitiert in BauR 2005, 542, 545 = NZBau 2005, 216 = ZfBR 2005, 263; Urteil vom 14. Mai 1998 – VII ZR 184/97, BGHZ 139, 16; Urteil vom 19. Januar 1995 – VII ZR 131/93, BauR 1995, 230, 231 = ZfBR 1995, 132; Urteil vom 20. März 1986 – VII ZR 81/85, BauR 1986, 447, 448 = ZfBR 1986, 171).

Bundesnaturschutzgesetz (BNatSchG (2009): Gesetz über Naturschutz und Landschaftspflege, zuletzt geändert durch Artikel 421 der Verordnung vom 31.08.2015, BGBl. I S. 1474, Bundesministerium der Justiz und für Verbraucherschutz, Berlin.

DAHMLOS, HEINRICH-JÜRGEN (Hrsg.) (2014): Bauzeichnen. 3. Auflage. Verlag Gehlen, Bad Homburg.

DIN-Taschenbuch 256 (2003): Technisches Zeichnen 3, Bauwesen. 4. Auflage. Beuth Verlag, Berlin.

Duden (2009): Duden – Die deutsche Rechtschreibung. 25. Auflage. Dudenverlag, Mannheim – Wien – Zürich.

Foerster Stauden (2015): Foerster-Stauden-Kompendium.

FRANCK, NORBERT, STARY, JOACHIM (2011): Die Technik wissenschaftlichen Arbeitens. 16. Auflage. Verlag Ferdinand Schöningh, Paderborn.

FREY, HANSJÖRG; HERRMANN, AUGUST; KUHN, VOLKER; NESTLE, HANS; SCHULZ, PETER; STAUCH, VOLKER; WAIBEL, HELMUTH; WERNER, HORST (2005): Bautechnik – Technisches Zeichnen. 4. Auflage. Verlag Europa-Lehrmittel, Haan-Gruiten.

HOAI – Honorarordnung für Architekten und Ingenieure (2013): Verordnung über die Honorare für Architekten- und Ingenieurleistungen. Verordnung vom 10.07.2013 (BGBl. I S. 2276), in Kraft getreten am 17.07.2013. Bundesrepublik Deutschland.

HOISCHEN, HANS; FRITZ, ANDREAS (2014): Technisches Zeichnen. 34. Auflage. Cornelsen, Berlin.

KARMASIN, MATTHIAS; RIBING, RAINER (2011): Die Gestaltung wissenschaftlicher Arbeiten. 6. Auflage. Facultas Verlags- und Buchhandels AG, Wien.

KLEEMANN, SÖREN (2015): Modul Ausführungsplanung im GaLaBau. Unveröffentlichte Semesterarbeit. Hochschule Osnabrück, Fakultät A & L, Osnabrück.

LEOPOLD, CORNELIE (2012): Geometrische Grundlagen der Architekturdarstellung. 4. Auflage. Verlag Vieweg + Teubner, Wiesbaden.

LOCHER, HORST; KOEBLE, WOLFGANG; FRIK, WERNER; LOCHER, ULRICH (Hrsg.) (2013): Kommentar zur HOAI. 12. Auflage. Werner Verlag, Köln.

MITTAG, MARTIN (2000): Baukonstruktionslehre: Ein Nachschlagewerk für den Bauschaffenden über Konstruktionssysteme, Bauteile und Bauarten. 18. Auflage, Vieweg+Teubner, Braunschweig und Wiesbaden.

PORTMANN, DIETER (1995): Symbole und Sinnbilder in Bauzeichnungen. 6. Auflage. Bauverlag, Wiesbaden und Berlin.

PRENZEL, RUDOLF (1994): Bauzeichnung und Darstellungstechnik. 3. Auflage. Karl Krämer Verlag, Stuttgart – Zürich.

QUERHAMMER, ANNE (2015): Modul Bepflanzungsplanung. Unveröffentlichte Semesterarbeit. Hochschule Osnabrück, Fakultät A & L, Osnabrück.

RUNGE, ANJA (2015): Modul Ausführungsplanung im GaLaBau. Unveröffentlichte Semesterarbeit. Hochschule Osnabrück, Fakultät A & L, Osnabrück.

www.baumschule-horstmann.de

www.gartenderhorizonte.de

ZURHAKE, CLAUDIA (2015): Modul Ausführungsplanung im GaLaBau. Unveröffentlichte Semesterarbeit. Hochschule Osnabrück, Fakultät A & L, Osnabrück.

FGSV-Regelwerke (Forschungsgesellschaft für Straßen- und Verkehrswesen e. V.)

FGSV 643: Technische Lieferbedingungen für Bauprodukte zur Herstellung von Pflasterdecken, Plattenbelägen und Einfassungen (TL Pflaster-StB 06) Ausgabe 2006.

FGSV 697: Technische Lieferbedingungen für Baustoffgemische und Böden zur Herstellung von Schichten ohne Bindemittel im Straßenbau (TL SoB-StB 04) Ausgabe 2004/Fassung 2007.

FGSV 698: Zusätzliche Technische Vertragsbedingungen und Richtlinien für den Bau von Schichten ohne Bindemittel im Straßenbau (ZTV SoB-StB 04) Ausgabe 2004/Fassung 2007.

Normenverzeichnis – siehe im Anhang Tabelle 5.2-1. Es sind auch Normen mit aufgenommen, die bereits zurückgezogen sind, aber durchaus noch zum Querverweis Bedeutung haben. Sie sind besonders gekennzeichnet, mit Zurückziehdatum und Nachfolgedokument.

Bildquellen

Fotos:

Lay, Bjørn-Holger: S. 60 in Tab. 3.6-2

Zeichnungen:

Hornoff, Elke: Abb. 1.4-1, 1.4-2, 1.4-4, 1.4-5, 1.7-1, 1.7-2, 2.1-1, 2.2-1 bis 2.2-3, 2.3-1 bis 2.3-5, 2.4-1 bis 2.4-3, 3-1, 3.4-1 bis 3.4-4, 4.1-1, 4.1-2, 4.3-1 bis 4.3-5, 4.4-1, 4.6-1, 4.6-2, 4.7-1

Kleemann, Sören: Abb. 4.8-1

Lay, Bjørn-Holger: Abb. 1-1, 1.1-1, 1.1-2, 1.2-1, 1.2-2, 1.4-3, 1.4-6, 2.6-1, 3.1-1, 3.3-1, 3.6-1 bis 3.6-4, 4.2-1, 4.5-1, 4.5-2, 5-1 sowie alle Zeichnungen in den Tab. 1.3-1, 1.3-3, 1.4-1, 1.5-1, 1.5-2, 1.6-1, 1.6-2, 1.6-3, 1.6-4 und 3.6-2

Lay, Bjørn-Holger/Hornoff, Elke: Umschlagmotiv, Abb. 2.5-1, 3.2-1, 4.3-6

Querhammer, Anne: Abb. 4.8-6, 4.8-7, 4.8-8

Runge, Anja: Abb. 4.8-9, 4.8-10

Zurhake, Claudia: Abb. 4.8-2, 4.8-3, 4.8-4, 4.8-5

Register

Abbruchplan 76
Absteckplan 68, 84
Ansichten 38
Arten von Maßlinienbegrenzungen 21
Ausbaumaß 71
Ausführungszeichnungen 53
Außenanlagen 61
Axonometrie 48

Bauaufnahmezeichnungen 56
Baubestandszeichnungen 56
Baurichtmaß 71
Bauschadenserfassung 56
Bauvorlagezeichnungen 52
Bauzeichnungen 10
Bemaßung 18, 20
Benutzungspläne 60
Bepflanzungspläne 64, 77
Beschriftung 18
Bezugsraster 61

CAD-Layer 74
C-Reihe 11

Detailzeichnungen 53, 55
Dimetrische Projektion 48
Draufsichten 38

Entwässerungsanlagen 63
Entwurfszeichnungen 51

Faltung 11
Feuerwehrplan 69
Formate 11

Genehmigungsplanung 52
Grundlinienarten 15
Grundriss 41

Höhenlinien 61
Horizontalschnitt 41

Isometrische Projektion 48

Kabinettprojektion 48
Kavalierprojektion 48
Kettenbemaßung 22
Koordinatenbemaßung 22

Linienbreiten 17
Liniengrundarten und -breiten 15

Maßanordnung 22
Maßeintragung 22
Maßhilfslinie 21
Maßlinie 20
Maßlinienbegrenzung 21
Maßordnung im Hochbau 71
Maßstab 13
Maßzahl 20
Mittellinie 24

Nennmaß 71

Objektplanung 49

Papierformate 11
Parallelbemaßung 24
Plan 10
Planometrische Projektion 48
Positionsnummern 18
Projektionsarten 37
Prüfmaß 24

Rohbaumaß 71
Rohmaß 24

Schnitt 46
Schnittansicht 46
Schraffuren 25
- nach DIN 1356-1 27, 28, 29
- nach DIN ISO 128-50 25, 26, 27
Schriftfelder 24
Signaturen 30
Signaturen und Symbole
- für Elektroanlagen 34
- für Entwässerungsanlagen 32
- für Rohrleitungen 33
- für Trinkwasserleitungen 30, 31
Symbole 30
Symmetrielinie 24

Technische Zeichnung 9
Textfeld 20
Transversalmaßstab 13
Treppen 61

Vertikalschnitte 46
Vorentwurfszeichnungen 50
Werkzeichnungen 53

Zeichnungen für Außenanlagen 61
Zeichnungsschriftfeld 18
Zeichnungsvordrucke 18

Gewährleistungsvermerk
In Anbetracht des ständigen Wissenszuwachses sowie der rasch voranschreitenden technischen Anforderungen und Entwicklungen haben sich der/die Verfasser/in dieses Buches intensiv bemüht, dem aktuellen Wissensstand Rechnung zu tragen. Insbesondere wurde das Werk in Einklang mit den geltenden Gesetzen, Verordnungen und Richtlinien verfasst. Dennoch können weder der/die Verfasser/in noch der Verlag eine Garantie für die in diesem Werk enthaltenen Angaben übernehmen. Dem Leser wird daher dringend empfohlen, einschlägige Veröffentlichungen zu verfolgen und weitergehende Entwicklungen ergänzend in Betracht zu ziehen.

Die in diesem Buch enthaltenen Empfehlungen und Angaben sind von den Autoren mit größter Sorgfalt zusammengestellt und geprüft worden. Eine Garantie für die Richtigkeit der Angaben kann aber nicht gegeben werden. Autoren und Verlag übernehmen keinerlei Haftung für Schäden und Unfälle.

Bibliografische Information der Deutschen Nationalbibliothek
Die Deutsche Nationalbibliothek verzeichnet diese Publikation in der Deutschen Nationalbibliografie; detaillierte bibliografische Daten sind im Internet über http://dnb.d-nb.de abrufbar.

Wollgrasweg 41, 70599 Stuttgart (Hohenheim)
E-Mail: info@ulmer.de
Internet: www.ulmer-verlag.de
Umschlaggestaltung: Verlag Eugen Ulmer
Lektorat: Dr. Angelika Jansen, Birgit Schüller
Herstellung: Silke Reuter
Satz: pagina GmbH, Tübingen
Reproduktion: timeRay, Herrenberg
Druck und Bindung: Friedrich Pustet, Regensburg
Printed in Germany

ISBN 978-3-8001-8373-9